„Es sind Träume, die uns vorantreiben."

*„Gedankenspiele sind wie Edelsteine,
die durch Seltenheit an Wert gewinnen
und nur in winzigen Dosen ein Genuss sind."*

*„Nicht im Verharren,
sondern im Aufbruch und Neuanfang liegt Glück,
leider nicht immer im Ziel."*

Zum Buch

Aus der Reihe *Utopika,* ...... meiner ersten Trilogie mit Titel:

1.) Buch: *Utopika, bitte nicht ankommen!*
2.) Buch: *Utopika, bist Du angekommen?*
3.) Buch: *Utopika, wo bist Du?*

wird dem Leser sehr unterhaltsam, erotisch und frivol die Geschichte von zwei unterschiedlichen Charakteren, Paula und Joachim, erzählt.

Paula ist Mitte Vierzig, studierte Astrologin, Lebensberaterin und führt eine Partner-Vermittlungsagentur. Joachim ist Mensch.

Die Begegnungen dieser Hauptfiguren sind eingepackt in die Welt der Astrologie. Im ersten Kapitel „...... *gibt es sie wirklich?*" treffen diese beiden Charaktere aufeinander. Nein es ist Paula, die den ahnungslosen Joachim anspricht, mit einer Anmachstrategie der Überredungskunst, um ihn so zu beeinflussen, dass er sich selbst überredet und nicht merkt, dass diese teuflische List nur weiblich sein kann. Doch so einfach endet das nicht ....!

Man kann das Buch mit einem lachenden, einem weinenden Auge, aber auch sehr nachdenklich betrachten. Es ist kein Leitfaden für Partnerschaftsfragen. Die Ausführungen in die Astrologie, in die Psychologie und Traumdeutung sind vom Autor mühsam und nach besten Wissen und Gewissen recherchiert worden.

Fundiert tragen die humorvollen Charaktereigenschaften der handelnden Personen zur flüssigen, lesbaren Unterhaltung bei. Für die Richtigkeit gibt es keine Gewähr. Nach dem ersten Buch werden viele Leser begreifen, dass es nicht immer erstrebenswert sein muss, mit allen Mitteln das perfekte Glück zu erlangen. Und warum es nicht das Wichtigste im Leben ist.

Die Botschaft lautet: *Aufbruch* - aber das haben Sie eigentlich auch schon vorher gewusst. Oder?

Inhaltsverzeichnis

Quellennachweis:
Bild am Sonntag: So finden Sie Ihren Aszendenten
Markt&Technik: Ich erstelle Horoskope selbst
Renzo Baldini: Der Aszendent der Seele
Tigo Zeyen: Das indische Liebeshoroskop

Vorwort

Hast Du Dir schon mal Gedanken darüber gemacht, analysiert oder nachgefragt: „Warum Dein Leben oder das Leben Deiner Eltern, Deiner Geschwister, Deiner Freunde, Deiner Nachbarn, Deiner Familie so verläuft? Weißt Du es?"

Oder: Warum wird in der einen Familie viel gestritten, während die andere Familie friedlich miteinander lebt?

Oder: Warum haben viele Menschen Zukunftsängste und die anderen blicken mit viel Freude, Zuversicht und Selbstbewusstsein in die Zukunft?

Oder: Warum hat der Eine keine Freunde und der Andere viele Freunde?

Oder: Warum ist Dein Freund oder Deine Freundin ein guter Schüler/-in und Du hast viele Probleme?

Oder: Warum sind einige Menschen sehr erfolgreich und die anderen haben keinen Erfolg?

Oder: Warum sind einige Menschen häufiger krank und die anderen gesund?

Oder: Warum sind die Einen arm und die Anderen reich?

Oder: Warum sind die Einen schwach und die Anderen stark?

„Warum ist das so ....?"

Die Antworten zu diesen Fragen und zu anderen Fragen werden im Themenkreis meines ersten Buches: *„Fragende Augen der Kinder und der Jugend".*

(ISBN 978-3-8334-7306-7) behandelt und beantwortet. Nachfolgend nur eine kurzer Auszug: „Die Antworten und Ergebnisse sind im Spiegelbild des Wesens begründet, d.h. im bewussten Erleben, in Person des kleinen *„Ich"s*, ausgestattet mit sieben Sinnen, gepaart mit Vernunft, Verstand und

8

Einbringen in das Innere, in Person des großen „*Über-Ich*"s. Das „*Über-Ich*" glaubt alles. Es führt, wie ein Befehlsempfänger, alles ohne Prüfung aus."

Die Wissenschaft spricht hier über Zusammenspiel von Bewusst- und Unterwusstsein.

1. Kapitel

„.... gibt es Sie wirklich ....?"

„Haaaaalloo, hi ich bin es, die Paula", kreischt es an Joachims durchlöchertes Trommelfell, des rechten Ohres.
„Bist du nicht äääh, äh der äääh?"
„Ja, jaaa, äääh ich bin der Eddie und denke über die große Politik nach. Was willst du eigentlich von mir? Hier in der Pinte gibt es doch genug Opfer für dein plumpes Anmachen. Lass mich bitte in Ruhe mein Feierabendbier trinken........ Hups ....! Prost und Tschüss", konterte Joachim resolut weiter und war ein bisschen Stolz auf seine gelungene Widerrede. Oder? Aber sie ließ nicht locker.
„Ich heiße Paula."
Mit Klang der Stimme schossen Joachim tausend Gedanken durch den Kopf. Er drehte und erhob seinen Kopf in ihre Richtung, stand vom Barhocker auf und nur ein leises „äääh" ging über seine Lippen.
Mit Scannerblick tastete er ihre Figur ab. Ihre zierlichen Füße waren eingebettet in High-Stilettos, jene Modelle, die rot und spitz in Leder bis zur Wade Aufreizung signalisierten, aufregender als Viagra. Enge Röhrenjeans betonten die schlanken Beine hin bis zum knackigen Po. Die Taille war gekonnt mit einem Gürtel dekoriert. Der enge Pulli deutete ihre prallen, rund geformten Brüste mit blühendem Warzenhof an. Ihr Hals ging makellos über in ein kantiges, schmales, aber wohlproportioniertes Gesicht. Die langen dunkel brünetten Haare vollendeten das Gesamtkunstwerk. Joachim richtete sich abrupt auf. Er fühlte, wie heißer Sand seinen Körper durchrieselte. Paarungsbereitschaft lag in der Luft. „Ist mein Verstand noch beisammen, oder habe ich mal

wieder zu viel Bier getrunken?", schoss es Joachim durch den Kopf, bei so einer geballten Schönheit.

Sein Scannerblick auf seine Figur kann er gar nicht so genau beschreiben. Oder vielleicht doch? Wenn der Badezimmerspiegel nicht irrt, dann ist er nicht klein, aber auch nicht groß, sondern mittelgroß, knackig mit leichten ausbeulenden Beinen, gestützt von großen Füßen mit Zehen viel zu groß, mit rundlichem Bauchansatz, der leicht fließend nahtlos übergeht in eine unförmige eckige Hüfte. Das Gesicht unverkennbar durch eine einzig artig geformte Nase, aufgewertet durch eine coole Kassenbrille, das Haar nur noch an den Seiten in vollen, kräftigt vitalem Wuchs.

So sah jedenfalls die letzte Bestandsaufnahme vor einem Jahr aus. Aber was er liebte und was er hasste, wusste er genau. Realität und Wirklichkeit hat gegen Schönheit kaum Chancen.

Er liebte gesunden Menschenverstand, schnelle Autos, antike Uhren, Bücher, moderne Möbel und natürlich schöne Frauen. Leider alles Dinge, die er nicht besaß.

Er hasste Unvernunft, Halbwissen, schlechte Umgangsformen, Grobheit, Brutalität und Krieg. Sein Horoskop verspricht nur Gutes. Sein Interesse an Astrologie und Sternenguckerei hält sich in Grenzen.

Einerseits liest er es gerne, wenn alles gut klingt über Liebe, Beruf und Finanzen. Andererseits stimmt alles nicht, wenn zu lesen ist, er habe gute Aussichten im Job und er verfüge bald über finanziellen Möglichkeiten. Die Wahrheit ist, Joachim ist Hartz-IV Empfänger. Tatsächlich bewegt er große Summen auf dem Kontoauszug, aber leider auf der falschen Seite. „Aber warum spricht mich jetzt diese tolle Frau an?", dachte Joachim.

„Den Jackpott habe ich doch nicht geknackt. Und um meine Finanzen steht es auch sehr schlecht. Walter, mein Gastwirt kann das unter Eid bezeugen. Am Monatsende holt er immer einen Schuhkarton mit allen offenen Posten, seine Bierdeckelbuchhaltung, hervor. Es ist wieder Zahltag und mein Bierdeckel gehört auch dazu."

„Warum gerade ich?" Seine grauen Gehirnzellen rasen durch das Oberstübchen und präsentieren ihm wie in einem Dokumentarfilm ähnliche Situationen. Die Achterbahnfahrt seiner vielen Erlebnisse beginnt.

„Nicht verharren, sondern im Aufbruch und Neuanfang liegt Glück, leider nicht immer im Ziel", dachte er.

„Allein sein, heißt nicht einsam zu sein", schoss es ihm durch den Kopf. „Warum soll ich keine Geliebte haben? Und warum soll ich eine Kuh kaufen, wenn ich nur ab und zu ein Glas Milch trinken will?"

Doch plötzlich war er gewarnt. Er streckte seinen Rücken durch, wippte auf seinen Füßen auf und ab und sagte nur kurz und knapp: „Ich bin Joachim." Sein Mut wurde mit einem verführerischen Lächeln belohnt.

„Walter, bitte gib Joachim noch ein Altbier." Und sie lächelte dabei. Mit steigendem Alkoholpegel kamen sie sich immer näher. Kein Wunder, die gegenseitige gefühlte Attraktivität stieg an. Was Joachim immer schon geahnt und gewusst hatte, stimmte. Sich jemanden schön trinken funktioniert. Und das galt besonders für Paula. Oder?

„Bin ich etwa George Clooney, oder Braad Pitt?", dachte Joachim. Ihre, Paulas Erkennungsfähigkeit, wurde sie auch angeblich ertränkt? Oder hat sie nur bewusst oder unbewusst - trotz eines diffusen Eindrucks - seine Schönheit und seine Attraktivität, ihm vorgegaukelt?

12

Joachim war trotz Bedenken angetan und fühlte sich wohl. Ein warmes Gefühl, wie heiße sprudelnde Quellen begannen zu strömen, stiegen empor. Sie sprachen über Gott und die Welt. Stündlich fühlte er sich sicherer und dachte: „gleich geht die Post ab."

Doch sein Problem ist, dass zwar bei steigendem Alkoholspiegel die Lust steigt, der Wille stark, aber nach zwölf Bier das Fleisch zu schwach ist. Er erzählte ihr vom abgebrochenen Architekturstudium und sie bestätigte ihn darin, *dass Steine keine Wärme und Glaspaläste keine Seele haben.*" Auch die Folgen seiner logischen Entscheidung, das Studium der Publizistik, Philosophie und Psychologie, also der Geisteswissenschaften zu beenden, fand Anerkennung.

„Der Grund meiner Entscheidung war", so Joachim, „dass keine Logik des Lebens, keine Tiefe zu erkennen ist, die ich mit meiner eigenen Erfahrung hätte verbinden können. Ich habe immer weniger verstanden, was mich selbst betrifft. Und deshalb waren das für mich *„Lusthemmer".* Den einzigen Sinn sah ich nur darin, jungen Menschen - und mir besonders - Denken beizubringen."

Hier fand er Studienkollegen, die alles anders machen wollten als ihre Eltern. Und stundenlang in verrauchten Kneipen unablässig darüber diskutierten. Je mehr sie über das Problem sprachen, desto verwirrter wurden alle. Wie alles auszusehen hat, wusste so recht keiner. „Wir schauten alle verzweifelt in die Ferne", erinnerte sich Joachim.

Begeisterung, Anerkennung und Bestätigung fand bei ihr das erfolgreich beendete Studium der analytischen Geometrie. Er fühlte sich nach sehr langer Zeit, in allen bisherigen Entscheidungen bestätigt und konnte mit gutem Gewissen sich selbst zu prosten. Allerdings merkte er gar nicht, dass er sich überreden ließ, sich selbst überredete und damit zum eigenen Gegenspieler aufbaute.

„Du bist schon ein toller Mann", hauchte sie ihm zu. Joachim wurde ein bisschen sentimental ums Herz, denn er wusste genau; „dass ist nur jetzt, nur Hier und Heute. Ansonsten bin ich ein guter Verdränger alter Erlebnisse. Trotzdem rede ich mir ein, Lust zu spüren, sie zu begehren. Denn alles, aber auch alles hat meine Seele stark angegriffen, weil ich es immer wieder zugelassen und keine Wirklichkeitsprüfungen initiiert habe", philosophierte Joachim.

Und weiter erinnerte er sich an viele Studentinnen, die er kennen lernte in Hoffung auf Zweisamkeit, nach Liebesglück, nach Verschmelzung. Doch die jungen Mädels lehrten ihn den korrekten Beischlaf, der mit Lust und Liebesglück nichts zu tun hatte.

Und er grübelte weiter: „Wir kennen das als Tagträumer, Lebenskünstler. Wir Minderbegabten müssen uns oft mit Niederlagen begnügen! Stehen die Sterne so gut? Sollte er heute Gewinner sein? Aber es sind ja eine Unmenge Sterne zu sehen! Wie können die Sterne mein Schicksal beeinflussen?" Für Joachim gab es immer nur zwei Tragödien. Einmal die Nichterfüllung eines Wunsches. Die andere größere Tragödie war die Erfüllung. Er konnte ihr oft nicht gerecht werden. Vor lauter Glück ist er oft in jedes Fettnäpfen Unglück getreten. Doch nun scheint er tatsächlich auf dem Glückspfad zu sein, signalisierte sein Unterbewusstsein. Seine Mutter hat ihn zwar immer daran erinnert, *__dass er nicht über einen Berg stolpere, sondern über kleine Maulwurfshügel.__*

„Und sie hatte wie immer Recht", dachte Joachim. „Ich bin mein Leben lang ein Suchender, ein Jäger, aber kein Sammler gewesen. Mal auf kleinen Wegen, mal auf breiten Straßen oder rasanten Autobahnen. Mal auf der Kriechspur, mal auf der Überholspur. Soziale Utopien ewigen Glücks waren immer Ausdruck meiner Sehnsucht und meiner Wünsche. Er möchte Lust versprühen und dabei zugleich Lust spüren. Nicht ohne Grund nannten mich meine Kommilitonen Sokra-Crash."

Mit „Haaalloo, hast du Feuer für mich?", holte sie Joachim aus seiner Gedankenwelt zurück. Er kramte in seiner Hosentasche. Beim Zünden des Feuerzeuges rempelte ihn ein betrunkener Gast an. Das Feuerzeug fiel zu Boden. Er bückte sich nach unten, verlor die Kontrolle und stürzte krachend zu Boden. Es entstand ein kleiner Schaden mit großer Wirkung. Joachims Brille war zerborsten.

Plötzlich sah die Welt nebulös, aber viel friedlicher aus. Die Deckenbeleuchtung strahlte wie ein Sternenhimmel, die Diskokugel ließ um Mitternacht die Sonne aufgehen. Er tastete nach seiner Brille, berührte dabei ihre zierlichen Füße. Seine Hände fanden Halt an ihrem festen Innenschenkel. Sie hielt inne, legte ihre Hände sehr lange zärtlich auf seine und half ihm wieder auf die Beine.

„Soll ich dich nach Hause begleiten?"

„Nein, ich will nicht", erwiderte er und fand sich nach kurzer Zeit auf der Rückbank eines Taxis wieder.

„Wohin soll die Fahrt gehen?"

„Zur Deichstraße, nach Oberkassel, auf die andere Rheinseite", hörte er mit brummenden Schädel und fast Nacht blind Paulas kräftige Stimme. Nach zirka 20 Minuten fuhr das Taxi in die Einfahrt eines Park ähnlichen Anwesens.

„Achtzehn Euro und zwanzig mein Herr."

„Runden sie auf, auf Zwanzig und geben sie mir bitte eine Quittung", erwiderte Paula.

An der Haustür versuchte Joachim das blank geputzte Messingschild zu lesen. Vergebliche Mühe, er war ja ohne Brille. Paula schloss die Tür auf. Eine riesige Diele konnte er erahnen. Tiefe und Höhe des Raumes versetzten ihn - auch ohne Brille - in eine Fantasiewelt voller undefinierbarer, geheimnisvoller Gegenstände. Sein getrübter Blick schweifte irgendwo ins Unendliche, ins Nirgendwo. *„....... war Joachim angekommen in Utopika?"*

Sie führte ihn in die große Küche und platzierte ihn auf die Eckbank am Esstisch.

„Ich hole dir eine Brille." Sie entschwand im defusen Licht der Diele und kehrte nach kurzer Zeit mit einer Schatulle voller Brillen zurück. Joachim erschrak, „wie viele Blindfische hat sie bereits geholfen?" Paula stellte die Schatulle auf den Tisch strich über sein dünnes Haar und setzte sich auf seinen Schoß. Wärme stieg durch seinen Körper. Sein Kraftwerk sprang auf Höchstbelastung, auf Volllast, sein Blut explodierte, sein Adrenalinspiegel schoss in die Höhe. „Toll mein Körper funktioniert noch, ich lebe", frohlockte Joachim. Seine Hände begannen wie fremd gesteuert zwischen ihren Beinen zu gleiten. Die festen Innenschenkel gaben ihm einen Ankerpunkt. Sie nahm seine Hände, führte sie entlang des Bauches hoch bis an ihre prallen Brüste, die riesig groß und kugelrund waren. Und dabei sprossen sie wie Knospen eines Rosenstrauches an. Süchtig küsst sie ihm mit ihren wollüstigen Lippen auf seinen zarten Mund. Sie drückt seinen Kopf runter bis auf ihren Venushügel, damit er wühlend ihre Schamhaare bürsten solle. Und sie neigt sich zu seinem Flaschenhals herunter, wo es ihr schmecken soll.

Es ist keine Liebesverbindung, die hier entsteht, sondern eine brutale sexuelle Vereinnahmung und Ausbeutung, die Paula gekonnt in Szene setzt. Hier wird Lust zur Dienstleistung, die enorme Anforderungen an Joachim stellt.

Jeder kennt solche Situationen, Gefühle, aber keiner überblickt oder durchschaut sie. Wer Gefühle beherrscht, verarmt meistens. Und so erging es Joachim. Das Verhältnis von Gefühl, Gefühllosigkeit und Macht ist bei ihm oft sehr stürmisch, kann aber auch zugleich störend sein. Sex ist das gesprächigste aller Gefühle, aber ohne Sprache. Keine Lust mehr! Oder? Heimlich dachte Joachim, „wie gut er ohne Sex auskommen würde, welche Entfaltungsmöglichkeiten er hätte. Er könne seine Kreativität ausleben und überhaupt sehr aktiv sein. Und es muss nicht immer erstrebenswert sein, mit allen Mitteln perfektes Glück und Sex zu besitzen."
Plötzlich erkaltet sein Blut. Er spürte nur noch die leblose pralle Brust und die kalten aufgespritzten Lippen. Ein Ruck durchzuckt seinen Körper. Er drehte sich abrupt ab. Etwas Kaltes rieselt durch sein Inneres. Kalte Quellen strömten auf und ab. Seine mit Silikon beschmutzten Hände, seine nach Klebstoff und Gummi schmeckenden Lippen bescherten ihm eine eisige und kalte Gänsehaut. Die Abscheu, die ihm überkam, ist unerträglich. Und unbeschreibbar. Jeglicher Hautkontakt wurde sofort beendet. Ein Gefühl von Unreinheit beschlich ihn. Und das Verlangen nach einer Dusche verstärkte sich. Tiefe, lautlose Stille, frostige, eisige Kälte legte sich über die Küche. Zwei Körper waren wieder allein. Der eine lebt, der andere ist tot. Der tote Körper - Joachim - ist weich, geschunden und gekrümmt. Ein nutzlos aufbegehrendes Ende. Daneben die Lebende, Paula.

Er, der Enttäuschte ist zurück. „Ich habe Kopfschmerzen und bin müde", lispelte er mit dünner, leiser unsicherer Stimme.

„Du kannst im Wohnzimmer auf der Couch schlafen. Ich bringe dir das Nachtzeug", antwortete sie gekränkt und verschwand in ihre Gemächer. Im Vorbeigehen hauchte sie ihm zu: „Dann mach ich eben ein Solo."

„Solo", dachte Joachim, „was für ein Solo? Herzlichen Glückwunsch, liebe Paula, herzlichen Glückwunsch Solo, liebe Masturbation", dachte er nur, „nun kannst du deine Schamlippen auseinander zerren und deine Klitoris kitzeln, bis alles zusammenkracht."

„Ein Orgasmus hat immer eine Vorgeschichte, die Geschichte einer Erregung bis hin zum Begehren, bis zur Explosion. Und wenn ein Solo gelebt worden ist, dann ist es unwichtig, wo und wie die Stimulierung erfolgte", philosophierte Joachim weiter. „Oder bin ich nur neidisch?" Nun seid ihr beide zusammen. Du wirst - *das Solo* - 35 Jahre alt. Erst in den siebziger Jahren wurdest du großzügig von amerikanischen Fachärzten anerkannt und für normal erklärt. Und was musstest du dir bis dahin, wegen der sündhaften Handarbeit, nicht alles anhören. Unfruchtbarkeit, Wahnsinn genitale Gefühllosigkeit oder himmlische Bestrafung. „Und wie ist das bei uns Männern?", grübelte Joachim weiter. Noch Anfang der sechziger Jahre konnte Oralverkehr zwischen Erwachsenen in Ohio, USA, mit lebenslanger Zwangsarbeit bestraft werden. Für Sex mit Tieren lag die Höchststrafe bei acht Jahren. Als Begründung wurde das menschliche Sexualverhalten als instinktiv - wie bei Tieren - gesehen. Hugh Hefner, „Playboy-Gründer" und Erotik Spezialist, der für den Trend steht, *„.....du sollst begehren",* löste damit eine umfassender Sexualisierung der Konsumwelt aus. Und gab damit die Diskussion erotischer Themen der Öffentlichkeit. Deren Geist von Kalifornien ausgehend, das bürgerli-

18

cher Leben überall auf der Welt belebt hat, aber auch zerstörerische Wirkungen zeigt.

„Alles Quatsch?", dachte Joachim. Aber so ganz traut man dem eigenhändigen Handeln auch heute nicht. Es gibt noch immer Soziologen, die Selbstbefriedigung, Anal- oder Oralverkehr als Werteverlust, als Verkümmerung der Gesellschaft, wo immer mehr Menschen allein und zu „Ich bezogenen", zu unsozialen Selbstbesorger mutieren. Sind denn diese Menschen gestört oder beziehungsunfähig, wenn sie Lust spüren und selbst Hand anlegen?

Heißt es nicht: „Du sollst den Nächsten lieben, wie dich selbst!" Und, bitte seien Sie nicht eifersüchtig, wenn Ihre große Liebe es auch tut.

„Was wollte Paula eigentlich mit ihrer weiblichen Salamitaktik?", grübelte Joachim weiter, als er endlich mit Mühe und Not eine passende Brille fand.

Seine Sicherheit kehrte langsam wieder zurück. Er legte sich hin und tausend Gedanken kreisten durch sein Oberstübchen. „Alles ist konstruiert! Warum aber der Mensch?" Hatte Mutter nicht immer gesagt, *„......wo sogar teuflische List versagt, schickt man ein Weib."* Wie Recht sie hatte.

Es gibt viele gute Gründe Sex zu haben. Einige davon haben mit Liebe zu tun. Aber bei Paula? Warum diese Salamitaktik? Wollte sie eigentlich alles, oder gab sie zu schnell auf? War ihre Kränkung nur Taktik? Oder gehört sie zu den Häppchenverkosterinnen, die stets fürchten den Männern durch ein komplettes Menü, frühzeitig zu sättigen?

„Ich weiß es auch nicht", dachte Joachim. Er kam nicht zur Ruhe bei all den Fragen: „Will sie nicht, ist sie dann frigide?"

„Will sie alles, ist sie dann eine Hure?"

19

„Oder nur eine Schlampe?"

„Was will sie und was will ich eigentlich?"

„Ich wusste doch immer, was ich nicht wollte!"

„Ich hatte Freundinnen, One-Night-Stands, viele Geliebte, aber nichts erfüllte mich. Und jetzt?", philosophierte Joachim weiter. Letztendlich sind Liebe und Respekt mit dieser Salamitaktik nur bedingt zu beeinflussen. Entscheidend sind nicht der rationierte Sex, sondern Kleinigkeiten, wie Freundlichkeit, Humor, Charme, gegenseitige Chemie, Wärme und das Bauchgefühl, genau jetzt und hier, an der Seite dieses Menschen in jeder Stellung, richtig zu sein.

„Und wie ist es an der Seite von Paula? Sie hat mich in der Kneipe angemacht. Aber warum?"

Und warum fordern uns Männern nachts fast nackte Frauen im Fernsehen auf, sie anzurufen. Auch Tageszeitungen sind voller Angebote.

„Bitte wiederhole, ich nicht habe gut so kann verstehen", krächzte mir eine Dame mit leichten Deutschkenntnissen entgegen. „Du gut und sauber sei doch bestimmt groß und stark." Dazu gab es im Hintergrund Klatschgeräusche, als ob Tomatensaftflaschen auf den Boden aufschlugen. Es klang wie ein Pop(p) Konzert mit mehreren Solistinnen.

Warum gibt es eigentlich keinen Telefonsexanbieter für Frauen? Oder gibt es ihn bereits schon? Denn, dann könnten ihnen, den frustrierten enttäuschten Frauen, böse Nachtgeschichten mit rauchiger Stimmlage erzählt werden. Vorher sollte man vielleicht fragen: „Wie hätten sie es gerne, möchten sie dominiert werden?"

„Oder wollen sie vorher eingeölt und nachher gefesselt werden? Oder lieber umgekehrt?"

„Oder möchten sie lieber die sanfte Kuscheltour mit Einkehr und Abflug?"

Sämtliche Angebote aus der Lust- und Erotikschein-
welt hatte Joachim kennen gelernt. Und in dieser Welt sucht
er jetzt die Erfüllung von Glück und Liebe. Aber wie soll das
gelingen? Super, einfach super, einfach toll, wie aus der Leh-
re der Psychoanalyse - der Methode zur Erkennung und Hei-
lung seelischer Störungen - eine Milliarden schwere Vergnü-
gungsindustrie, *„....du sollst begehren"*, entstanden ist, die
sich nicht nur auf Stadtmenschen beschränkt. Das Ziel ist, die
sexuelle Ausschließlichkeit zu überwinden und zu einer Art
erotischer Medienkonsumwelt durchzustoßen. Dann scheint
der Bedarf wohl vorhanden zu sein!

Überall, besonders im Schmuddelfernsehen, starren
schamlose Voyeure durch das Schlüsselloch der Seele. Lei
der sind es oft halbwüchsige Kinder und Jugendliche, die in
Faszination, Schauder und unterdrückter Wissbegierde bedient werden. Ein Stück Würde im Alltag geht schleichend
verloren. Attentäter leben ihre Träume aus, wollen alles öf-
fentlich machen. Moralische Abrüstung und Selbstverliebtheit sind Nährboden dieser Fernsehsendungen. Auch in
abendlichen Talkrunden manifestiert man Narzissmus. Nicht
nur Politiker lassen leiden, erreichen niemanden, nur sich
selbst. Auch selbsternannte Experten aus Sport, Kultur und
Weltgeschehen, *„..... Sein zu müssen, Sein zu sein und Sein
zu wollen"*, leben uns mit existenzielle Begründungen ihres
Handelns, ihr Leben vor.

Aber man hat auch erkannt, dass nur weniges so verführerisch ist, wie das erotische Wort. Der Körper wird mit
Vorfreude, mit Glücks- und Erwartungshormonen über-
schwemmt, überflutet, ja sogar ertränkt, die bei Frauen keine
gerippte Männerunterhose und bei uns Männern kein Push-
BH oder Strapshalter auslösen kann.
„Warum ist das so?"

21

Wir hören doch alle gern zu, doch Perverses oder Schmutziges auszusprechen, fällt vielen sehr schwer. Schuld daran ist unser aus Kindertagen eingeredetes „Pfui-Verhalten". Sogar das Gehirn, das unser Sprachzentrum mit steuert, blockiert die Redefähigkeit, wenn wir Perverses oder Schmutziges auch nur denken. So erklärt es uns die Wissenschaft, Tabu-Themen hören. Angeblich wünscht sich jeder fünfte Mann eine Geliebte mit Verbal-Erotik und Nymphomanie. Er möchte gern über sein Tun und was sie, die Frau, braucht etwas hören. Und Frauen träumen von einem Mann, der sie offen bewundert, begehrt und heimlich verführt und dabei Wörter und Sätze benutzt wie: „Ich will dich streicheln und küssen."

„Ich will mit dir schlafen, ich will hören und sehen wie du kommst." „Ich will dich spüren, beißen und kosten. "Manche Frauen wollen auch rustikalere Schimpfwörter oder raffinierte Befehle: „Spreiz deine Beine, wie eine Kunstturnerin beim Spagat! Oder soll ich das machen?"

„Lass mich das noch mal machen!"

Andere Frauen wollen während des Aktes ein Kinderlied hören oder ein Kindermärchen erzählt bekommen. Was immer Sie, der Mann, oder Sie, die Frau, sagen wollen um zu verführen, üben Sie vorher - zum Antesten - in unterschiedlicher Tonlage. Je langsamer Sie atmen und je voller und tiefer Sie flüstern, desto mehr entwickelt und explodiert sich der „Kick". Die Wortwahl kann je nach Lage das Zarte, das Harte oder das „Französische" sein.

„Wie das geht?"

„Das müssen Sie allein herausfinden!"

„Sie müssen es nur tun!"

2. Kapitel

„....warum, woran leidet Joachim? "

„Tasso komm sofort zurück", hörte Joachim im Halbschlaf Paulas Stimme. Bevor er begriffen hatte, schoss ein brauner Blitz durch die halb geöffnete Tür und landete mit einem Tigersprung auf sein Oberbett, knurrte ihn freundlich an, leckte dabei sein Gesicht und seine Hände. Sein weiches Fell spendete ihm Wärme und Vertrauen. Und trotzdem überkam Joachim ein Gefühl von Unreinheit.

Der Hund, ein Cocker-Spaniel und das wusste Joachim genau, ist ein Stöberhund und das bedeutet, dass er alle, aber auch alle Fressalien findet. Und so stank es auch, nach „Laternenpfahl ganz unten", nach altem Wehrmachtsstiefel, nach Gummisohle, Modell Feldarbeiter.

„Oder schlief er etwa bei Paula im Bett?", dachte Joachim. „Oh Gott, lass es bitte nur ein altes Schulbrot gewesen sein!"

Mit einem Satz sprang Joachim aus dem Bett, suchte die Nasszelle auf und ging dann frohgelaunt ins Esszimmer. „So sieht also ein akademisches Schicki Micki Frühstück aus." Große Glassplatten mit kleinen grünen Blättchen garniert, umrahmt von Toastbrot, Müsli-Becher, kleine Tomaten und Marmelade, das alles sah Joachim zunächst nur als Tischdekoration an. „Was für ein karges Frühstück?", dachte er und erinnerte sich an Mutters Worte: *„Knurrt der Magen, knurrt der Mensch. "*

„Guten Morgen und guten Appetit", begrüßte Paula Joachim und strich dabei sein dünnes Haar. „Unter Appetit anregend verstehe ich etwas anders", dachte er, während sein Magen immer mehr knurrte.

Aber Paula räumte nach kurze Zeit den Tisch und meinte nur kurz und knapp: „Lass uns ins Arbeitszimmer gehen. Ich brauche dieses Ambiente, um mich auf die Sache und auf dich zu konzentrieren. Ich kann nicht den ganzen Tag mit dir rumtrödeln, denn schließlich muss ich noch andere Termine wahrnehmen."

„Oh Gott", dachte Joachim, „gestern die Anmachtante und heute die coole, kalte Geschäftsfrau."

„Was will Paula eigentlich von mir? Und vor allem, was will ich hier? Will ich überhaupt?"
Fragen, lauter Fragen und keine Antworten.

„Das habe ich schon lange nicht mehr erlebt", grübelte Joachim weiter. „Ich galt zwar unter meinen Kommilitonen als „Sokra-Crash", hatte aber stets aus prekären Situationen herausgefunden", erinnerte er sich voller Stolz an seine Studentenzeit. Bis auf paar Patzer und Peinlichkeiten.

„Aber sonst war ich stets Herr der Dinge. Und nun sitze ich hier, wie in einem großen, ungemütlichen Hörsaal."

Die Vorstellung, er könne sein Ziel erreichen, er müsse seinen Körper, seinen Geist nur den richtigen Reizen aussetzen, führt ihn in eine verfängliche Situation. „Was will Paula von mir? Will sie meinen Sex, oder will sie nur Geschäfte machen?"

Joachim war gespannt, was nun folgte. Paula setzte sich an ihren großen, protzigen, aber aufgeräumten Schreibtisch aus edlem exotischem Holz, verziert mit Glasplatten und Glitzersteinen. Ihre gestylte Körperpartie wurde durch ein raffiniertes Lichtsystem noch besser in Position gestellt. Im Hintergrund hingen wertvolle Gemälde in verschiedenen Arbeitstechniken erstellt, wie in Bleistift, Kohle, Aquarell,

Acryl-Mischtechniken mit Sand, Marmormehl, Seidenpapier u.a.m. Collagearbeiten, Radierungen und eine große Plastik-Figur vollendeten das Gesamtkunstwerk Büro. Die in Erdtöne gehaltenen Wände und sonstige Gemälde, alles passend zu Paulas Outfit, rundet das Ambiente ab.

„Träume ich?“, dachte Joachim, „bin ich nun endlich in *Utopika* angekommen? Perfekt, einfach perfekt“, träumte er weiter. So lässt er Glück über sich ergehen. Er ist davon überzeugt, dass das absolute Glück ihn erst dann überkommt, wenn alles Unglück beseitigt ist. Er wird geil. Sein Adrenalinspiegel, sein Kraftwerk schaltete wieder auf Volllast. Sein Oberstübchchen fuhr Achterbahn und gleichzeitig folgten dreifach Loopings. Der ganze Körper glich einem Vulkan.

„Diese Paula, was will sie von mir?“ Als Joachim sich wieder auf Normalverstand einpegelte, erinnerte er sich an Studieninhalte wie Faustformel des Verhandlungs-Taktikers:

„Die Kunst des Verhandelns besteht nicht so sehr darin, dass man aus sich herausgeht, sondern darin, dass man die anderen aus sich herauslockt.“

Joachim wähnte sich auf der richtigen Spur. Selbstsicher stand er auf, ging um den riesigen Schreibtisch, stellte sich hinter Paulas Stuhl, massierte gekonnt ihren Nacken und umfasste liebevoll und zart ihre prallen Brüste. Sie hielt still. Ihre Brustwarzen schwollen an. Und warme Feuchtigkeit zog durch ihren Körper. Auch Joachim dachte nur an das Eine und hinterfragte sich: „Ich will nicht am Ende meines Lebens bereuen müssen, nur das, was ich nicht getan habe. Ich will keinen Augenblick des Bedauerns, mein Leben mit Ängstlichkeiten und Duldungsstarre verplempert zu haben. Lebenskunst ist für mich Harmonie des Handelns und meiner

Gesinnung. Ich versuche immer zu bekommen, was ich liebe, sonst muss ich das lieben, was ich bekomme."

Wenn nicht jetzt, wann dann, spürte Joachim seinen männlichen Instinkt. Schluss mit dem *„Wenn-Dann-Aber-und-Überhaupt"!*

Selbstsicher massierte er Paulas Nacken, streichelte ihren Rücken bis zum knackigen Po-Ansatz. Paula bäumte sich und schnurrte wie eine Katze. Als Joachim ins Zentrum eindringen wollte, hielt Paula Joachims Hand fest. Und führte ab nun selbst Regie. Zeit und Taktsequenzen bestimmte sie. Nur sie hielt das Geschehen im Griff. Aber Joachim merkte vor lauter Hormonausstoß überhaupt nichts mehr. Ein leichtes Knurren brachte ihn in die Realität zurück. Es war Tasso, der Cocker Spaniel, der eifersüchtig gedroht hatte.

„Liebe kann ein Kunstwerk sein! Sex auch?", hinterfragte sich Joachim. „Und ich glaube nicht, dass es sehr viele Menschen können. Ich auch nicht. Ich bin ein Kunstbanause.

"Was hatte er nicht alles im Studium der Psychologie gelernt über (Un-) Glück, über den Mythos der (einmaligen) Liebe, über unerfüllbare, unglückliche, unmögliche oder gescheiterte Liebe. Aber auch über Sex! Genau, das ist der Stoff aus dem die Weltliteratur und heutige Medienwelt besteht. „Allein, dass hätte mich längst misstrauisch machen sollen", philosophierte Joachim weiter. „Faust I - Liebe zu Gretchen - rührte mich zu Tränen, Faust II - graue Weiber - zum Gähnen." Machen wir uns nichts vor. Was wären wir ohne Unglücklichsein? Es muss nicht immer erstrebenswert sein, mit allen Mitteln das perfekte Glück, die Zweisamkeit zu suchen. Es muss nicht immer das Wichtigste im Leben sein. Es kann auch Selbstbefriedigung sein. Im kategorialem Sinne. In der Anschaungsform.

„Ich brauche im wahrsten Sinne des Wortes beides, um in Aufbruchstimmung zu kommen", dachte Joachim. Unsere Welt gibt uns täglich unzählige Gebrauchsanweisungen zum (Un-) Glücklichsein. Es gibt eine Unzahl Menschen, die täglich an ihr Unglücksein basteln, ohne es zu merken. Aber die Zahl derer, die auch noch Rat und Unterstützung, Hilfe brauchen, ist unendlich größer. Das spiegelt sich auch im Sozialstaat wieder.

Unser Staat - besonders die Sozis - haben sich zur Aufgabe gemacht, das Leben *„von der Wiege bis zur Bahre"* sicher und triefend voller Glückseeligkeiten zu gestalten. Das funktioniert nur deshalb, weil der Bürger systematisch unfähig zur Selbstständigkeit, hin bis zur gesellschaftlichen Inkompetenz, erzogen wird. Deshalb und nur deshalb steigen jährlich die Staatsausgaben für Sozial- und Gesundheitswesen.

Was würde passieren, wenn alles rückläufig oder sogar zum Stocken käme? Genau, ganze Industriezweige, im Besonderem die Pharmaindustrie und große Hilfsorganisationen brächen zusammen. Bräuchten wir dann noch die aufgeblähten Monsterministerien Sozial- Gesundheitswesen?

Der Sozialstaat - die Sozis brauchen die Hilflosigkeit der Bevölkerung, um die nächsten Wahlen zu gewinnen. Hilflos und Unglücklichsein kann jeder. Aber das zu tun und zu machen, dass will gelernt sein. Dazu brauchen wir nicht den Sozialstaat. Und Joachim kramte weiter in seiner Gedankenwelt.

„Du nur Du, nur Du allein machst mich glücklich", oder, *„......... ohne Dich kann ich nicht leben, nicht lieben",* das sind alles menschliche Sehnsüchte, die von der Unterhaltungs- und Musikindustrie bestens bedient werden. Sogar aus Liebe wird gestorben. Sind das alles Züge von

Massenhypnose? Ist ER oder SIE, der oder die, die Richtige? Beobachtet man genau Wunschdenken und Wirklichkeit - das kann Joachim als studierter Analytiker - muss man oft über soviel Optimismus staunen!

Worauf resultiert das denn alles? Die Schuldigen, TV-Medien und Yellow-Presse, sind schnell erkannt. Staustufe Sehnsucht, Fluten und Abfluten von Liebe wechseln täglich. Warum?

Fragen Prominenter tauchen auf: „Ist es die Richtige? Habe ich mich geirrt? War es die Richtige? Und, ich hoffe auf ein Neues!"

Diese Fragen und oft falsche Antworten sind für viele Menschen „Leitwege" zum eigenem (Un-) Glück. Sie, die Promis erklären uns, dass Beziehungen ohne Seitensprünge sehr selten sind. Richtig! Sie bedienen damit die Yellow-Presse, sie bedienen ihr Ego, sie sind narzisstisch veranlagt. Nach dem Motto: „Spieglein, Spieglein an der Wand, wer ist die Schönste?", leben sie ihre Selbstverliebtheit aus.

Doch dahinter ist oft leere Wüste. Ja es gibt sogar Menschen, die stellen ihr Konterfei in allen nicht denkbaren Posen ins Internet, damit Andere darüber urteilen. All diese Selbstdarsteller bedienen uns mit ....! Aber warum? Sind wir nicht immer auf der Suche, was uns fehlt? „Das 20 Jahrhundert war aus meiner Sicht die Zeit des großen Werteverfalls", sinniert Joachim und war ein wenig stolz auf diese Erkenntnis. Richtig ist, so erinnert sich Joachim, dass Beziehungen auch heftige Krisen überleben können. Aber er erinnert sich auch an Mutters Worte: *__Man stolpert nicht über Berge, sondern über Maulwurfshügel."__* Also scheint es doch um mehr zu gehen, als das meine Traumfrau und ich - Joachim - zu einander finden. Ich möchte sie umarmen, verschlingen und nur im Glück leben. Vielleicht ist aber Reibung, Streit, Missachtung und Verletzung notwendig, damit das Glück einer geliebten Zweisamkeit erblühen und wachsen kann, so die Philosophie.

„Meinen Nutzen sehe ich darin, dass fast jede Auseinandersetzung mit meinen Frauen einen wichtigen Entwicklungsschritt, ja sogar als Antrieb für meine Weiterentwicklung hilfreich war. Also ist meine jetzige Lage gar nicht so schlimm, ja wenn nicht diese Paula, dieses menschliche Kunstwerk mich angemacht hätte", überdachte Joachim seine Situation.

„Setz dich bitte wieder hin, wir haben zu arbeiten", unterbrach Paulas Stimme Joachims Ausflug in die Philosophie. „Schließlich soll ich doch für dich eine Partnerin ermitteln." „Partnerin ermitteln, was läuft denn hier?", dachte Joachim und fand plötzlich Gefallen daran, fand zurück.

„Joachim, weißt du denn nicht mehr, dass du mich gebeten hast, dir eine Partnerin, auf Basis von astrologischen Gesetzen, zu vermitteln? Und über Erfolgsaussichten und Preise unterhalten wir uns später", redete sie pausenlos weiter. „Du musst mir jetzt nur paar persönliche Daten von dir preisgeben, damit ich auf wissenschaftlicher Basis erfolgreich recherchieren und Berechnungen anstellen kann. Du musst mir über die Reise bis an die Grenze deiner Gefühlswelt erzählen."

„Ich, Joachim Hetzkamp, bin am 9. Juli 1968 in Bocholt, Nordrhein-Westfalen, um 21 Uhr 13 geboren", antwortete er. „Es regnete Bindfäden. Die Lufttemperatur war mit 29 Grad sehr tropisch. Ich glaube die Sterne leuchteten mich bei der Hausgeburt an, wie Autoscheinwerfer Wechselwild auf der Kreisstraße von Mussum nach Biemenhorst, kurz vor einem Zusammenstoß. Ich habe dank Sterne überlebt."

Und Joachim begann seine Lebensgeschichte zu erzählen: „Wieso, weshalb, warum? Warum leben die Anderen, nur ich nicht? Geht es dir genau so, Paula? Wie ich grüble, wie ich nachdenke, wie ich handle, wie Menschen meinen Stundenzeiger des Lebens beeinflusst haben, wie ich zum *„Wieso-, Weshalb- Warum- Frager, zum Nach-Denker"* wurde? Kannst du mir das erklären Paula?"

„Überschreite deine Grenzen", erwiderte Paula.

„Es sind zehn, zwanzig, dreißig oder sogar vierzig Menschen, die mein Leben in die eine oder in die andere Richtung gelenkt haben. Ich denke darüber nach. Da ist zunächst die Familie, wo ich als Kind vaterlos - mein Vater starb im März 1968 an einer alten Kriegsverletzung und ich bin erst im Juli 1968 geboren - mit fünf älteren Geschwistern aufwuchs." Und erzählt weiter, dass er versucht, sich frühzeitig zu lösen. Und so tauchen sie auf, die Familie und viele andere Menschen aus Erinnerungen meines Lebens hervor und betreten die Bühne als Mitläufer, Statisten, Schauspieler oder Regisseure, beratend, begleitend oder abweisend, alles Menschen, ohne die ich heute das nicht wäre, was ich bin. *„Warum leben die Anderen nicht, wie ich lebe?",* wollte Joachim von Paula wissen.

„Ich bin Astrologin und keine Psychologin", erwiderte Paula. Aber Joachim lies nicht locker und fragte weiter: „Warum haben viele Menschen Zukunftsängste und die Anderen blicken mit viel Freude, Zuversicht und Selbstbewusstsein in die Zukunft?"

„Warum hat der Eine viele Freunde und der Andere keine?"

„Warum sind einige Menschen erfolgreich und die anderen haben keinen Erfolg?"

„Warum sind einige Menschen gesund und viele andere krank an Leib und Seele?"

„Warum sind einige Menschen reich und viele andere arm?"
„Warum sind einige Menschen stark und viele andere schwach?"
„Warum sind wir keine Lamas geworden, die wie spuckende Bundesliga-Fußballspieler durch die Welt ziehen? Warum haben wir nicht drei Beine, fünf Arme und Rundumsichtaugen und Ohren? Das würde doch unserer heutigen Schaffenswelt entsprechen. Das würde jeden Arbeitgeber erfreuen. Vielleicht könnten wir dann auf Knopfdruck durchs Weltall skaten, oder anstatt ins Kino zu gehen spazierten wir ins „Weltraum-Drive-Inn."
„Warum sind wir Menschen so einfach, aber auch so kompliziert, geblieben?"
„Warum ist das so .... Paula?"
Doch Paula schwieg.

Und Joachim erzählte weiter, wie er zum „Wieso-, Weshalb-, Warum- Frager zum (Nach-) Denker wurde. „Als Jugendlicher habe ich viele Zukunftsromane- und Fachbücher gelesen wie „Wohin die Erde rollt", von A. E. Johann, aus dem Jahr 1959. „Der erste Amerikaner" von C. W. Ceram, aus dem Jahr 1971.

„Eigentlich gibt es für mich keine Zukunft", philosophiert Joachim weiter. „Zukunft ist Gegenwart und bedeutet für mich Ultimo, bis zum Monatsende. Dennoch, oder gerade deshalb muss ich Zukunft im Sinn haben und die Vergangenheit im Kopf. Es werden so viele Lebensarten, Lebensstile, Lebensspiele angeboten und gepriesen, dass davon beim näheren Betrachten beinahe nichts mehr Stil hat."

Das scheinbare Neue, in Wirklichkeit Uralte, bedarf nur einer kritischen Betrachtungsweise. Ideale zu haben ist schön. Dass Ideale etwas werden, die man wechseln kann wie Unterhosen ist nicht so schön. „Der Verstand ist für mich das Maß aller Dinge, dennoch bleibt oft überall nur Dummheit übrig", erinnert sich Joachim an viele Dumpf- und Krawallfernsehsendungen. Viele Menschen scheinen keinen Geist, keinen Verstand zu haben. Eintönig, geistlos und stumpf leben sie dahin. Manche in der Medienwelt, leider auch in Politik, machen ihren Geist hoffähig - gottähnlich - und versuchen ruhelose Anerkennung zu gewinnen.

Die sogenannten Großen sind oft nicht durch sich selbst groß geworden, sondern durch viele andere, nämlich durch alle Menschen, denen es Freude aber auch Vorteile (Fernseh-Quoten, Zeitungs- und Buchauflagen usw.) bereitet, sie als groß zu erklären Durch viele Menschen Würdelosigkeit entsteht diese überragende Ehre und Anerkennung. Aber auch durch viele Menschen Feigheit entsteht diese auf einen Punkt gebrachten, aufgehäuften Summenzug von (Un-) Größe. Und durch vieler Menschen Verzicht auf eigene Macht, diese gewaltige Macht von .....! Warum?

Jedoch viele Zukunftsgeschichten haben sich nicht bewahrheitet. Sie sind heute immer noch Zukunftsmusik. Trotzdem hat Joachim im Fernsehen gesehen, wie der erste Mensch den Mond betrat. Das war für ihn einzigartig und zugleich Antrieb „Zukunft miterlebt zu haben". Er habe daraus gelernt, dass Zukunft sehr wichtig ist. Aber viel wichtiger ist es, was man (Sie/oder Du) daraus machst. „Es gibt nichts, das man beim dritten Anlauf nicht meistern könnte. Wir sollen - das gilt besonders für Kinder und Jugendliche - aus der Vergangenheit das lodernde Feuer übernehmen, nicht die Asche", beendete Joachim den Ausflug in seine eigene Volksphilosophie.

Paula war angetan von Joachims Gedankenwelt, aber sagte nur kurz und knapp: „Wir müssen weiter recherchieren.

Bocholt? Bocholt, wo liegt denn dieses Bocholt?", und suchte im Atlas nach.

„Ich habe es gefunden. Also Bocholt liegt im Koordinatensystem auf 51 Grad°, 37 Minuten` nördlicher Breite und auf 6 Grad°, 36 Minuten` östlicher Länge", und erklärte weiter, „bedingt durch die Erdrotation ergibt sich für jeden Ort der Erde ein anderer Zeitpunkt für Sonnenauf- und Sonnenuntergang. Bereits kleine geographische Abweichungen zwischen zwei Orten machen sich bemerkbar. Da sich die Erde pro Tag einmal um ihre Achse dreht, geht die Sonne pro Längengrad-Distanz zu Greenwich - Ort in England - vier Minuten früher oder später auf. Früher hatte jeder größerer Ort seine eigene Zeit. Erst mit Einführung der Eisenbahn wurden die Ortszeiten zugunsten einheitlicher Zeitzonen abgeschafft. Nur in China gibt es noch eine einheitliche, staatliche Zeit. Nur das Volk akzeptiert es nicht.

„Und was hat das alles mit meinem Sternzeichen Krebs zu tun?", wollte Joachim wissen.

„Zunächst nichts", erklärte Paula und dachte dabei, „dass ihre freien Mitarbeiterinnen genügend Berufserfahrungen mitbringen, jedes Sternzeichen der Klienten richtig zu deuten, um sie dann genügend zu hofieren und zu bedienen." Im Laufe der Berufszeit waren das nicht immer reine Vergnügen, aber immer gute Geschäfte. Und Joachim, als typischer Krebsmann, ist bestimmt ein unkomplizierter Kunde. Seine Gefühle mit Drang kannte sie bereits. Dass er kein Geld hat, glaubt sie nicht. Denn meistens sind Krebsmänner in führender Position anzutreffen, auch viele Künstler und Finanzakteure sind im Sternzeichen Krebs geboren.

Als Introvertierter ist ihnen schwer beizukommen. Aber irgendwann öffnet er sich und zeigt ganz stolz seine Familienfotos mit Hund, als Pfadfinder im Zeltlager, beim

Sprung vom Zehn Meter Turm, seine Urlaubsfotos beim Tiefseetauchen in der Karibik und bei Kraxeltouren in den Schweizer Alpen! Vielleicht auch beim Gleitschirmfliegen? Bestimmt aber beim Triathlon auf Hawaii!

Und oft erzählen Krebsmänner von Exbeziehungen und Familie, aber nicht wie es ihnen selbst eigentlich geht. Sie müssen ja nicht gleich erzählen, dass sie ihre Frauen verlassen haben. Oder war es doch umgekehrt? „Und Claudia, meine Beste, konnte noch einige kuriose Situationen aus dem Seelenchaos von Krebsmännern erzählen, warum und wer wen verlassen hatte." Aber der Reihe nach. Zum zehnten Hochzeitstag wollte Axel, so nennen wir einfach den Vorfall - Krebsmann - für seine Frau einen Romantikabend arrangieren. Es sollte eine Überraschung werden. Das war lieb gemeint, aber schlecht geplant. Denn zehn Tage vorher hat er begonnen seiner Frau Blumen zu schicken. Ab dem siebten Tag klingelte täglich der italienische Hausservice, brachte edle Speisen und Getränke, ohne Absender und als Nachricht nur ein Kürzel: „F.Z.J., Danke!!!!!!!!!!!"

Und am Vorabend, Axel musste vorzeitig seine Geschäftsreise beenden, hat er dann seine Frau beim Kosten seiner gesponserten edlen Speisen, jedoch in ungewöhnlicher, nein in gewöhnlicher Stellung beim Seitensprung erwischt. Mit dem Italiener. „Nur nicht ausrasten, verzeihe deiner Frau!" überdachte er Alles. Schon passiert! Noch am selben Tag! Sicherlich hat Axel zufällig auch noch ein Bild von Ihm und seiner Frau!

Genau, dass sind Suchende und Wartende, oft nicht ankommenden Männer, die meiner Geschäftsidee den Atem einhauchen und mein Leben erhalten. Und Claudia, meine Beste, hat bereits alle Sternzeichen sehr professionell zu (Un-

34

) Glück verholfen, ohne dabei ihr Gewissen oder ihr Herz zu belasten.

„Du musst erst einmal die Grundelemente der Astrologie, den Tierkreis, die Häuser, die Planeten und Deutungen kennen lernen", erklärte Paula weiter.

„Es sind vier Hauptströmungen, die ähnlich wie die vier Grundfarben, alle Farben bilden können. Und genau so können die vier Elemente, wenn auch nur grob gezeichnet, verschiedene Charaktere und Temperamente darstellen." „Welche vier Elemente gibt es denn?", fragte Joachim ungeduldig nach. „Es gibt das Element Feuer, Luft, Erde und Wasser", erwiderte Paula. „Jedes dieser vier Hauptelemente ist in drei verschiedenen Prägungen deutlich zu erkennen. Durch Kombinationen können beliebige Zwischenprägungen, Verläufe und Kontraste entstehen. Der Malkasten der Astrologie mischt in den Tierkreiszeichen, Häuser und Planeten, ein Potential, in einer bestimmten Farbe an."

Die männlichen Elemente

Feuer	**Luft**
Widder	Waage
Löwe	Wassermann
Schütze	Zwilling
männl. Element	männl. Element
Fühltyp	*Denktyp*
Choleriker	Sanguiniker
Hysteriker	Schiziode

Die weiblichen Elemente

Erde	**Wasser**
Steinbock	*Krebs*
Stier	Skorpion
Jungfrau	Fisch
weibl. Element	weibl. Element
Empfindungstyp	*Intuitionstyp*
Melancholiker	Phlegmatiker
Zwanghafte	Depressive

„Wieso zähle ich als *männlicher Krebs* zum weiblichen Element? Ich kann auch nicht gut schwimmen, aber dafür bin ich ein *Denktyp*. Wie passt denn das alles zusammen? Und was ist denn ein *Sanguiniker?*", fragte Joachim nach.

„Ein Sanguiniker ist ein temperamentvoller, lebhafter Mensch." Und Paula erklärt weiter: „Man verkörpert mit seinem Charakterbild nicht nur einen Typ, sondern im Gegenteil, in allen Menschen können alle vier Elemente vorhanden sein!" „Aber warum den diese Aufteilung, wenn doch Alles mit Allem gemischt werden kann? Und da gibt es auch noch das indische Horoskop mit Spielregeln für irdisches Glück", wusste Joachim aus Sri Lanka zu berichten.

„Das macht nichts" fuhr Paula fort.

„Es ist ganz normal, dass alle vier Elemente nicht gleich stark - auch nicht im indischen Horoskop - ausgeprägt sind. Solange aber nur ein Element stark ausgeprägt ist, nimmst du in manchen Lebenssituationen die Wirklichkeit unvollständig, ja sogar verzerrt war."

„Jetzt verstehe ich auch, dass meine Kommilitonen mich Sokra-Crash getauft haben", dachte Joachim.

Und genau diese fehlenden Elemente sind die Quelle für unser Ungleichsein, für Konfliktherde. In einem der wichtigsten Lebensbereiche, in dem du dein fehlendes Element entdecken kannst, ist die Partnerschaft. Besonders an kleinen Dingen des täglichen Lebens scheitern Beziehungen. Denk doch mal über den täglichen Konflikt Müll und Staubsaugen nach. *__Soll sich doch der Andere darum kümmern".__* Wenn nicht, dann kann man sich mit Recht über den Anderen mokieren. Aber es ist sehr wohltuend, wenn ein Anderer die eigene Schwachstelle übernimmt, leider auch gefährlich, wie in Mythen, wie in Samson, wie in Achilles (-Ferse) usw. beschrieben ist. Sagen von Göttern, Helden und Dämonen schildern oft erotisch und romantisch von zwischenmenschlichen Beziehungen. Das bedeutet aber auch, dass in Phasen der Verliebtheit Schwachstellenübergabe und Annahme höchstes Glück bedeutet. *__Man hat Jemanden gefunden".__* Ob im guten oder im schlechten Zusammenleben sehen wir nie richtig wie der Partner, oder die Partnerin ist. Das eigene fehlende Element verzerrt das Bild. „Hmmm, äääh, mein wichtigstes fehlendes Element ist das Geld, alles andere habe ich als Lebenskünstler im Griff. Oder?"

„Eigentlich suchst du nur eine Partnerin, um dein fehlendes Element - nicht das Geld - zu ergänzen, weil deine bisherigen Frauen das ergänzt haben, was du leider immer wieder verdrängt hast. Und wenn du wissen willst Joachim, welches Element dir fehlt, musst du nur deine Exfrauen realistisch betrachten."

Ein Feuerwerk, ein Cinorama-Film dröhnte durch sein Oberstübchen. Er sieht freudige, weniger freudige, ernste und lachende, traurige und schöne Situationen. Aber er sieht auch das Ende ohne Happy End.

„Denn was deine Exfrauen - Löwen - verkörpert haben, ist nämlich genau das, was dir immer und auch in Zukunft fehlt, oder gefehlt hat." Und deshalb stimmt sogar das Herzen ergreifende Schnulzenlied: *__Du, nur Du, nur Du allein machst mich glücklich, ohne Dich kann ich nicht leben!__* Und genau deshalb üben auch auf für viele Menschen romantische Begegnungen eine magische Kraft aus.

Nach diesen Erklärungen bastelt sich Joachim im Kopf sehr schnell seine eigene Entscheidungstabelle, die er als Analytiker tausendfach für betriebliche Prozesse aufgebaut hat. Und warum soll das nicht für Lebensentscheidungen dienen? Im Volksmund heißt es doch: „Gleich und Gleiches gesellt sich gern." Oder: „Gegensätze ziehen sich an."

Auch beim Druckvorgang mit vier Farben ergibt erst der vierte Arbeitsgang das Farbbild in seiner ganzen Aussagekraft, Aufmerksamkeit, Wirkung und Interesse. Wie Paula bereits erklärte: „Man verkörpert mit seinem Charakterbild nicht nur einen Typ, sondern im Gegenteil, in allen Menschen können alle vier Elemente vorhanden sein!" In der indischen Tradition des weltberühmten **Kamasutra** werden Erotik und Romantik, Liebe, Sex, Partnerschaft, Familie und Freundschaft frei und unvoreingenommen betrachtet.

3. Kapitel

„...... ist Astrologie seriös?"
Paula erklärt Ansätze zur Astrologie

„Das Unbekannte durch das noch Unbekanntere,
das Obskure durch das noch Obskurere"
altes chinesisches Sprichwort

Wenn jemand nicht so genau weiß, was ein Auto ist, ist es müßig, ihm die Vorteile eines „Differenzial-Getriebes" zu erläutern. Da ist es besser, man fängt erst Mal damit an, dem Ahnungslosen das Rad zu erklären. So oder ähnlich erging es auch Paula, als sie Joachim die Astrologie erklärte.

Die Frage: „Wie funktioniert Astrologie?", kann mit unterschiedlichen Denkmodellen angegangen werden. Es gibt verschiedene Ansätze.

Einen könnte man den symbolischen Ansatz nennen. Dieser betrachtet die Planeten und Zeichen als Symbole für kosmische Prozesse und universelle Prinzipien. Als Beispiel für diesen Ansatz dient der jährliche Rhythmus der Jahreszeichen mit den Tierkreiszeichen in Beziehung zu setzen. „Wie ich dir bereits erklärt habe, spiegelt der Tierkreis den Jahresablauf wieder. Beginnend mit dem Frühling, d.h. dem Zeitpunkt, an dem die Sonne den Äquator in nördlicher Richtung überschreitet", beginnt Paula zu erklären. „Die einzelnen Zeichen beschreiben dabei, das jeweilige in der Natur stattfindenden Ereignisse. Die Zeichen selbst sollen dabei Energiepotentiale darstellen." „Ach, so einfach stellt sich das dar", unterbricht Joachim Paulas Monolog. „Und dann sehe ich die Tierkreiszeichen als Legislative - die gesetzgebende

Gewalt. Doch ohne ausführende Organe - die Exekutive - lassen sich keine Gesetze durchsetzen", lockerte Joachim das Gespräch auf. „Aber wie funktioniert denn das? Und was hast du für ein Sternzeichen?"

Paula seufzte tief und dachte, was ist das nur für ein Typ? „Unterbrich mich nicht dauernd, höre doch einfach zu. Ich gebe dir jetzt einen kurzen Überblick über Bedeutung, Erkenntnisse und später dann über das Zusammenspiel der **westlichen Tierkreiszeichen,** die nicht kongruent zu den **indischen Sternzeichen** sind. Und weiter über die Geometrie der Häuser", ergänzt sie.

Kongruent, als deckungsgleiche Figuren, kannte Joachim aus der Geometrie. „Geometrie der Häuser, welche Grundrisse meint sie denn?", dachte Joachim. Schließlich hatte er einige Semester Architektur studiert.

Und Paula erklärt weiter: „Einen anderen Ansatz zur Astrologie könnte man den symbolischen Ansatz nennen. Dieser betrachtet die Planeten und Zeichen als Symbole für kosmische Prozesse. Als Beispiel zeigt folgende Tabelle den Versuch, den jährlichen Rhythmus der Jahreszeiten mit den Tierkreiszeichen in Beziehung zu setzen."

Rhythmus der Jahreszeiten

Sternzeichen	Jahreszeit	psychische Bedeutung
Widder 21.3. - 20.4.	Zeit des Keimens, der sich entfaltenden Energie.	Der Wille, der Drang zu handeln, Unternehmenslust, Selbstbewusstsein, der Wunsch n. Führerschaft
Stier 21.4. - 21.5.	Belebung, Kräftigung. Entstehung von Form,	Ausdauer, Konsolidierung, Fähigkeit der Gestaltung, Sinn für Form
Zwillinge 22.5. - 21.6.	Entfaltung, Blütezeit	Lebhaftigkeit, Vielseitigkeit, Oberflächlichkeit
Krebs 22.6. - 22.7.	Befruchtung	Gefühlsreichtum, Gefühl von Vaterschaft und Mutterschaft
Löwe 23.7. - 23.8.	Fruchtreife	der Wille zu schaffen, Selbstvertrauen, Gestaltungskraft
Jungfrau 24.8. - 23.9.	Erntezeit	Fleiß, Sorgfalt, Ordnungsliebe, häusl. Wesen, Krisenfestigkeit
Waage 24.9. - 23.10.	Balance im Haushalt der Natur	Sinn für Gerechtigkeit, Streben nach Harmonie
Skorpion 24.10.- 22.11.	Sterben in der Natur, Fortleben im Keim	Durchhaltevermögen und Ausdauer, rücksichtsloser Kampf ums Überleben
Schütze 23.11.- 21.12.	Winterschlaf der Natur	Kultivierung der inneren oder spirituellen Seite des Lebens, hoffungsvolles Planen für die Zukunft
Steinbock 22.12. - 20.1.	Kristallisation der Formen im Winter	unermüdlicher Kampf um Selbsterhaltung, Geduld, Vorliebe für festgefügte soziale Formen
Wassermann 21.1. - 19.2.	Wartezeit, Vorfrühling	Erwartungshaltung, gute Beobachtungsgabe, voller Pläne
Fische 20.2. - 20.3.	das Aufgehen der Saat	erste Begegnungen neuen Lebens in den Überresten des alten

„Ich erkläre dir nun weiterhin die Bedeutung der Tierkreiszeichen mit den zugeordneten Planeten und zitiere dabei aus
dem Fachbuch *„Grundlagen der Astrologie"*, redete Paula
weiterhin auf Joachim ein.

Widder (21.3. - 20.4)

Motto: *„Ich bin"*
Der Widder gilt als Synonym für den Neubeginn. In diesem
Zeichen wird Eigenraum erobert und Grenzen müssen erst im
Tun und Handeln erfahren werden. Im Vordergrund stehen
Spontaneität, Herausforderung, Durchsetzungsvermögen.
Zuordnung: Planet Mars.
Prinzip: *„Durchsetzung"*

Stier (21.4. - 20.5.)

Motto: *„Ich habe"*
Der Stier sammelt und sichert seinen Besitz. Trägheit, Be-
quemlichkeit, Sinnlichkeit und materielle Genüsse sind sehr
ausgeprägt. An erster Stelle steht jedoch das Wohlbefinden,
Freude am Leben.
Zuordnung: Planet Venus.
Prinzip: *„Harmonie"*

Zwillinge (21.5. - 21.6.)

Motto: *„Ich denke"*
Der Zwilling liebt die Welt des Denkens, der Sprache und
Kommunikation jeglicher Art. Aber auch Oberflächlichkeit
und Wissbegierde sind gleich stark ausgeprägt. Das Denken
und Handeln orientiert sich an logische Strukturen, an Me-
thodik, Normierung mit Zahlen und Formeln.
Zuordnung: Planet Merkur.
Prinzip: *„Zweckdienlichkeit"*

Krebs (22.6. - 22.7.)

Motto: *„Ich fühle"*
Der Krebs lebt in einem Gefühlsraum mit Facetten wie, Sensibilität, Zugehörigkeit, Kreativität und Intuition. In diesem Zeichen geht es um tiefe seelische Verwurzelungen. Er bezieht sich auf den Mutterboden, in dem die Wurzeln jedes Menschen zu finden sind. Zuordnung: Planet Mond.
Prinzip: *„Gefühl"*

Löwe (23.7. - 23.8.)

Motto: *„Ich will"*
Der Löwe liebt die Selbstverwirklichung und die persönliche Freiheit. Dank seiner Kraft, Würde und Fairness gewährt er den Schwachen großmütig Schutz. Dadurch kann er aber auch seine Mitmenschen zu Tode lieben. Doch auch Stolz, Eitelkeit und Selbstüberschätzung sind seine Charaktere. Zuordnung: Planet Sonne.
Prinzip: *„Lebenskraft"*

Jungfrau (24.8. - 23.9.)

Motto: *„Ich analysiere"*
Die Jungfrau studiert kritisch und analysiert die reale Welt mit all ihren Bedingungen. Vernunft im Sinne von Anpassung an die Realität steht hier im Vordergrund, um mit geringstem Aufwand alles auf Zweckdienlichkeit und Nutzanwendungen wie Methodik, Normierung mit Zahlen, Apparaten und Technik, ausrichten zu können. Die existentielle Absicherung und die Arbeit sind die wesentlichen Faktoren. Zuordnung: Planet Merkur.
Prinzip: *„Zweckdienlichkeit"*

Waage (24.9. - 23.10.)

Motto: *„Ich gleiche aus.“*
Die Waage verfügt über planerische Strategien und weniger über Handlungsmethoden. Unausgewogenes wird mit Takt und Charme ausgeglichen. Die Begegnung mit Anderen wird hier zur Erfüllung.
Zuordnung: Planet Venus.
Prinzip: *„Harmonie“*

Skorpion (24.10. - 22.11.)

Motto: *„Ich begehre“*
Der Skorpion steht für grundlegende Wandlungsprozesse wie Leben und Sterben. Er sieht sein Leitbild als Ideal an, nach dem sich alles Leben zu orientieren und anzupassen hat. Reichtum und Ruin sind untrennbar verbunden. Dabei werden Interessen des sozialem Umfeldes vorbildlich, aber fanatisch vertreten. Zuordnung: Planet Pluto.
Prinzip: *„Umwandlung“*

Schütze (23.11. - 21.12.)

Motto: *„Ich sehe“*
Der Schütze setzt sich großmütig für Ideale und Gerechtigkeit ein. Der Großmut birgt auch einen Hauch geistiger Eitelkeit. Er hat ein stark ausgeprägtes Abenteuer- und Reiselustgefühl. Ferne Länder und Bräuche regen seine Phantasie an. Sein großer Bildungsdrang öffnet die Tür zur Philosophie.
Zuordnung: Planet Jupiter.
Prinzip: *„Ausweitung“*

Steinbock (22.12. - 20.1.)

Motto: *„Ich gebrauche"*

Der Steinbock entwickelt gerne Normen und Richtlinien für das Zusammenleben in der Gemeinschaft. Für ihn zählt nur die greifbare, materielle Leistung sowie Gewissenhaftigkeit, Ideenreichtum, Flexibilität, Weisheit durch Einsicht und Verstehen.

Zuordnung: Planet Saturn.

Prinzip: *„Beschränkung"*

Wassermann (21.1. - 19.2)

Motto: *„Ich weiß"*

Der Wassermann lotet alle Grenzen des Möglichen aus, um sie zu überwinden, um neue Dimensionen zu entdecken. Da er seiner Zeit voraus ist, wird er oft nicht mehr verstanden. Zu seinen typischen Charakteren gehören Freiheit, Unabhängigkeit, Originalität.

Zuordnung: Planet Uranus.

Prinzip: *„Chaos"*

Fische (20.2. - 20.3.)

Motto: *„Ich glaube"*

Die Fische fühlen eine Verbundenheit aller Menschen im sozialem Umfeld. Die enorme Sensibilität führt oft zu Wahrnehmung von Gedanken Anderer. Diese Grenzenlosigkeit lässt Fische treiben, birgt aber auch die Gefahr sich treiben zu lassen und in eine Traumwelt abzugleiten. Neben Selbstlosigkeit, Mitgefühl und Bescheidenheit stehen aber auch Passivität.

Zuordnung: Planet Neptun.

Prinzip: *„Transzendenz"*

„Und nun zur Geometrie der Häuser", redete Paula weiter, als sie ein anders Fachbuch aus dem Schreibtisch kramte.

45

Ähnlich wie die Tierkreiszeichen - immer drei Zeichen - eine Jahreszeit symbolisieren kann auch die Einteilung der Häuser in solche Quadranten - drei Monate - zusammengefasst werden. Ein Kreis - 12 Monate - wird also aufgeteilt in:

1. Quadranten: Haus 1 bis Haus 3
Ich betrachte mich im Spiegel und frage:
„Wer bin ich?" Horoskopbedeutung: Widder, Stier, Zwilling
2. Quadranten: Haus 4 bis Haus 6
Ich betrachte meine Umgebung und frage:
„Was bin ich?" Horoskopbedeutung: Krebs, Löwe, Jungfrau
3. Quadranten: Haus 7 bis Haus 9
Ich blicke in die Ferne und frage:
„Wohin gehe ich?" Horoskopbedeutung: Waage, Skorpion, Schütze
4. Quadranten: Haus 10 bis Haus 12
Ich denke an Zukunft und frage:
„Was werde ich sein?" Horoskopbedeutung: Steinbock, Wassermann, Fische

„Meine Horoskopdeutung Krebs meint, *„was bin ich?",* das weiß ich doch.

„Paula ich bin ....", doch Joachim hielt inne, um Paula mit der nächsten Frage zu provozieren.

„Wenn das alles so wissenschaftlich abgesichert ist, dann wirst du mich ja wohl richtig charakterisieren können und mir hoffentlich eine passende Partnerin aus dem trüben Teich der Astrologie fischen. Oder zweifelst du etwa an deine astrologische Wissenschaft? Und ich kenne immer noch nicht dein Sternzeichen."

46

Nach einer kurzen Beleidig- und Gekränktseinphase erklärte Paula weiter: „Ich kann dir leider nur einen kurzen Einblick geben, aber vertraue mir bitte in dem was ich sage und tue. Die Symbolik der Planeten, die Hauptachsen sowie über die Zeitbasis, Ortszeit, Zeitzonen, Sternzeit, Häuser und weitere Aspekte der Astrologie werde ich dir aus verständlichen Gründen nicht näher bringen. Aber ein Thema möchte ich dir, Joachim, noch kurz erklären."

„Ich bin als Krebs gespannt wie ein Schütze! Paula, geht das überhaupt?"

„Hör doch zu", antwortete sie genervt. „Es gibt neben anderen Horoskoptechniken eine neue, der *Vertex*." Von der Existenz des Vertex erfuhr ich im 7. Semester und wurde aufmerksam durch das Buch Astronomia Oroscopica, von Federico Capone, in dem neben anderen Horoskoptechniken auch der Faktor *Vertex* beschrieben wurde.

Dabei erregten zwei Dinge meine Neugier, meine Aufmerksamkeit. Erstens, dass man zu seiner Berechnung der Häusertabelle der errechnete Aszendenten zum Vertex wird. Und zweitens, dass er sich immer im westlichen Bereich befindet. Ein Aszendent im Okzident, im Abendland!

Dieser Punkt", fuhr Paula fort, „dieser Punkt könnte möglicherweise Informationen beinhalten, die sicherlich für psychologische Deutungen wichtig wären, um bestimmte Vorgänge im sozialem Umfeld oder in den Beziehungen besser zu verstehen. Es ist so, als ob man die innersten und unbewussten Beweggründe unseres Handelns berührt, sie ans Tageslicht führt, sie frei gibt der Beobachtung und sie der Analyse aussetzt." „Weiter", so Paula, „dieser Punkt Aszendent-Vertex im westlichen Bereich setzt alles in Verbindung mit den zwischenmenschlichen Beziehungen, dem Kontakt zur äußeren Welt, so dass dieser Punkt auch als Element betrachtet werden kann. Hier sind wir im Bereich, wo unsere unbewussten Reaktionen auf Ereignisse von außen sich besser verstehen lassen. Die Wissenschaft spricht vom Zusammenspiel zwischen Bewusstsein und Unterbewusstsein."

Joachim schüttelte den Kopf und meinte nur: „Das verstehe ich nicht so richtig. „Kannst du mir das nicht bildlich erklären?"

„Ja, so sah ich damals die Bedeutung des Vertex", erwiderte Paula. „Ich habe mich dann weiter damit beschäftigt, insbesondere mit Astromedizin und den arabischen Punkt." „Was ist denn ein arabischer Punkt?", wollte Joachim wissen. „Das habe ich auch erst im Juni 1997, in Florenz, beim 2. Internationalen Astrologiekongress in einem Vortrag zum Thema der *„Sensitiven Punkte im Horoskop"* erfahren, der zwar vor allem auf die arabischen Punkte konzentriert war, aber bereits auch einige Hinweise und Versuche enthielt, sich des Vertex im Bereich der Psychologie zu bedienen."

„Oh Gott, immer wieder diese Geisteswissenschaften, diese Lusthemmer", schoss es Joachim durch den Kopf.

„Wenn du mehr über die Deutung des Vertex erfahren möchtest, kann ich dir das Buch; *Der Vertex als Schlüssel zur psychologischen Deutung* empfehlen." „Nein Danke! Aber was stellt denn der Vertex dar?", bohrte Joachim weiter.

„Der Vertex stellt unsere *„andere Seite"* dar, unsere unbewusste Persönlichkeit. Er sagt weiterhin auch etwas aus über unsere unbewusst gesteuerten Reaktionen auf äußere Reize und Angriffe."

„Wenn ich das alles richtig verstanden habe", so Joachim, „dann benötigt der Astrologe Bezugskoordinaten, um

Stellungen der Himmelskörper auf das Firmament bestimmen zu können."

„Richtig verstanden", sagte Paula. „Wo wir auch stehen, von welchen Punkt der Erde wir auch den Himmel betrachten, durch die Kleinheit der Erde im Vergleich zur Größe der Himmelssphäre meinen wir immer, wir befänden uns im Zentrum unserer nördlichen Halbkugel. Vielleicht hilft es uns, wenn wir uns vorstellen, in einem Boot mitten auf dem Meer zu sein. Wohin wir uns auch wenden - wenn wir in die Ferne schauen - um uns herum ist immer Ozean. Egal wo wir uns befinden, unser Blickfeld ist begrenzt durch den Horizont." „Genau, richtig verstanden", meinte Paula und ergänzte weiter: „Die Bedeutung des Vertex könnte man vergleichen mit der Einführung der Perspektive in der Malerei, der Schritt von der zweidimensionalen Sicht zur dreidimensionalen. Durch die Einführung der Tiefe gelangen wir zu Rauminhalte und somit zu Räume."

„Das kommt meinem Studium der analytischen Geometrie sehr nahe", dachte Joachim. Und sein Interesse wuchs ständig, aber die Skepsis blieb. Er traute einfach den Deutungen der Astrologischen-Geisteswissenschaft nicht. Warum eigentlich nicht? Wenn er in Zeitungen Horoskope las und sie verglich mit anderen Horoskope in unterschiedlichen Zeitungen, dann waren Deutung und Auslegung mal Gut, mal Schlecht. Jeder kennt das.

Joachim rechnete und kam zum Ergebnis, wenn alles stimmen würde, dann müssten bei zirka 60 Millionen erwachsenen Bundesbürger, am gleichen Tag 5 Millionen (60 Millionen geteilt durch 12 Tierkreiszeichen) Menschen das gleiche Schicksal ereilen. Oder?

„Nein, das kann ich nicht glauben. Und wie sieht mein Vertex im Krebs aus? Und vor allem der Vertex in Beziehung zur Familie, meinem sozialem Umfeld und vor allem zu meinen Ex Frauen, den Löwinnen?", fragte er ungeduldig nach.

Paula kramte in ihrem Fachbuch und Kollegheft herum und begann zu zitieren.

Vertex im Krebs

Diese Position steht für Vergangenheit, von der man sich zu befreien versucht. Sie war wenig befriedigend, nicht nur in emotionaler, sondern auch und vor allem in konkreter, materieller und praktischer Hinsicht. Der Horoskopeigner, der Krebs, hat diese Seite des Lebens als Mangel oder Unsicherheitsfaktor erlebt. Die Herkunftsfamilie, die leibliche Mutter, das Bild der inneren Mutter oder der Frau im allgemeinen sowie die eigenen Gefühle stellen überaus wichtige Elemente dar, mit denen man sich konfrontieren muss, um noch ungelöste Probleme zu bewältigen.

Es ist ein Verlangen danach zu spüren, sich und den anderen zu zeigen, dass man „es geschafft" hat, dass die eigenen reichlich vorhandenen Ressourcen - Aufbruch, Mut, Kreativität - nur die richtigen Ausdruckmöglichkeiten, das richtige Umfeld finden müssen.

Diese Position ist allem förderlich, was mit der Seele zu tun hat, von der Psychologie bis zur Poesie, wo Leidenschaft und persönliche Dramen unverzichtbare Elemente sind - ein Lebenselixier - um sich und die anderen zu verstehen. Menschen mit einer solchen Konstellation haben Probleme mit gefühlsmäßiger Abhängigkeit, so das Fazit der Wissenschaft. Viele von ihnen müssen um die Zuneigung eines anderen kämpfen und häufig verstehen sie nicht, dass man Liebe und Zuneigung nicht um jeden Preis einfordern oder eine bestehende Situation nicht auf ewig unverändert erhalten

50

kann. Wenn sie sich dieser Erkenntnis verschließen und eine Beziehung unbedingt erhalten wollen, in der es nichts mehr zu sagen gibt und in der nichts mehr zu geben ist, bringen sie sich in Schwierigkeiten. Das größte Problem - für den Krebs - ist, die Unfähigkeit, in einer aussichtslosen Situation aufgeben zu können. Sie müssen es lernen zu verzichten das Schicksal anzunehmen, der Realität ins Auge zu sehen und den Dingen ihren Lauf zu lassen, ohne sie zum eigenen Vorteil gewaltsam ändern zu wollen, nur um damit ein Bedürfnis nach Zuneigung zu stillen, das eigentlich aus reinem Egoismus gespeist wird. Für diese Menschen ist es sehr wichtig, vorbehaltlose Selbsteinsicht zu üben, sich selbst zu entblößen und hinzugeben.

Der Vertex im Zeichen des Mondes ist eine der schwierigsten Konstellationen, wenn es um den Begriff von Verzicht geht. Wir haben es hier sowohl mit Menschen zu tun, die weder aufgeben können noch wollen und weiterhin nach Zuwendung lechzen und sie überall suchen, als auch mit solchen, die es gelernt haben zu verzichten. Dabei handelt es sich nicht um eine passive Hingabe an das Schicksal, ein kampfloses Aufgeben, sondern um das Begreifen, dass es sich nicht nur um den bloßen Verzicht handelt - dabei würde das, worauf man verzichtet, weiter existieren - sondern darum, ein Ende zu akzeptieren. Sich für besiegt zu erklären und bereit zu sein für den Abstieg in den Hades (Hass und Streit), sich an jedem Abschnitt des Lebens eines Kleidungsstücks zu entledigen um schließlich nackt vor dem Tor zur Unterwelt zu stehen. Dies ist eine der größten Aufgaben, die Menschen mit dem Vertex im Krebs gestellt ist.

Als *pathologische Ausprägung* kennt man Überempfindlichkeit, Egozentrik, Kreativität, Intuition, Phlegmatick und Neigung zu Hysterie. Es wurden auch Probleme mit der leiblichen Mutter und dem Vater oder mit dem inneren Mutterbild beobachtet, mit der Familie, mit den Frauen im allgemeinen oder mit den eigenen Gefühlen, Realitätsverzerrungen, erotische Wahnvorstellungen, Bekennertum in unterschiedlichsten Bereichen.

Dieser Konstellation ist die **histrionische Persönlichkeitsstörung** zuzuordnen. Dabei handelt es sich um übertriebene, exzessive und schwankende Gefühlsbetontheit und ein starkes Bedürfnis nach Zustimmung und Akzeptanz durch die Anderen. Das Verhalten ist durch die äußeren Umstände leicht zu beeinflussen, dramatische Selbstdarstellung, theatralisches, verführerisches und provozierendes Verhalten gehören zu diesem Bild, ebenso die Tendenz, die eigenen Bedürfnisse immer sofort befriedigen zu wollen.

Vertex im Löwen

Horoskopeigner -Löwe - mit dieser Konstellation scheinen auf besondere Weise in Kontakt mit dem Unbewussten zu stehen, mit jenen geheimnisvollen Kräften, die über unser Innenleben herrschen.

Nicht alle von ihnen sind sich dessen bewusst, denn diese Begabung äußert sich oft nur durch gelegentliche Eingebungen in besonderen Situationen, nach einem Traum oder nach einer erlittenen körperlichen oder seelischen Verletzung, auf jeden Fall aber begünstigt die Konstellation ein starkes Interesse für das Okkulte.Die Menschen sind von esoterischen und geheimnisvollen Themen fasziniert, manche befassen sich ganz konkret damit, bei anderen findet die Esoterik nur gelegentlich Zugang zu ihren täglichen Leben oder sie geraten durch ihre Träume damit in Berührung.

Menschen mit dem Vertex im Löwen können - ähnlich wie im Schützen - Einschränkungen schlecht ertragen, sind ungeduldig, müssen immer irgend etwas verteidigen, oder sich mit etwas konfrontieren. Eines ihrer häufigsten Probleme besteht darin, dass sie sich in das Leben anderer drängen wollen, um es zu verändern, sie kritisieren - Selbstkritik üben sie selten - deren Handlungsweise und legen gerne den Finger auf die Wunde. Dabei beteuern sie natürlich ihre gute Absicht, sind überzeugt davon, richtig zu handeln und zu wissen, was gut und schlecht für den Anderen ist. Ihr Urteil ist erbarmungslos, auch wenn sie absolut richtige Dinge sagen. Sie können aggressiv, egoistisch und unangenehm wirken, auch wenn es sich meist um zwar strenge aber im Grunde gutmütige Charaktere handelt.

Als *pathologische Varianten* gelten Depressionen, Manien, Flatterhaftigkeit, Unreife und ständige Beschäftigung mit dem Tod.

Hier treffen wir auf die *narzisstische Persönlichkeitsstörung*. Das eigene Verhalten ist stark übertrieben, der Narzisst hat Sinn für das Großartige und Bühnenwirksame, meint oft, dass ihm alles zusteht, beneidet andere oder glaubt, dass andere ihn beneiden. Und nützt sie zum eigenen Vorteil aus. Die Selbstüberschätzung wird oft von Episoden der Selbstabwertung gefolgt, die Person ist unfähig Kritik zu ertragen und sich mit Gefühlen und Bedürfnissen anderer zu identifizieren.

Hinweis
Vertex der anderen Sternzeichen finden Sie im Anhang

Ermittlung des Vertex

Geographi- sche Breite	Elongation Vertex	Größe Minihaus	Geographi- sche Breite
24°	78°	13°	66°
25°	70°	11°	65°
26°	65°	10°56′	64°
27°	61°	10°19′	63°
28°	58°	9°50′	62°
29°	56°	9°25′	61°
30°	54°	9°04′	60°
31°	52°	8°46′	59°
32°	51°	8°31′	58°
33°	49°	8°18′	57°
34°	48°	8°06′	56°
35°	47°	7°56′	55°
36°	46°45′	7°47′	54°
37°	46°00′	7°40′	53°
38°	45°	7°34′	52°
39°	*44°49′ <=*	*7°28′ <=*	*51° <=*
40°	44°22′	7°24′	50°
41°	44°00′	7°20′	49°
42°	43°44′	7°17′	48°
43°	43°32′	7°15′	47°
44°	43°25′	7°14′	46°
45°	43°23′	7°14′	45°

Legende: Siehe nächste Seite

Geographische Breite:	Geburtsort
Elongation:	Winkelabstand zwischen
	Sonne und Planet
Größe Minihaus:	Aufteilung in 12 Abschnitte
Geburtsort: Bocholt	*51° 50` nördliche Breite*
	6° 36` östliche Länge

Die Größe des Minihauses beträgt:
7° Grad und 28` Minuten.

Und Paula erklärte weiter: „Auch wenn Experimente und Forschungsergebnisse keine schlüssigen Beweise für die Gültigkeit der Astrologie stehen, so dokumentieren doch Ergebnisse Beziehungen zwischen der irdischen und der kosmischen Sphäre."

„Der tschechische Psychiater und Gynäkologe Dr. Eugen Jonas hat daran gearbeitet", fuhr Paula fort, „eine genaue Beziehung zwischen der Zeit der höchsten Empfängnisbereitschaft einer Frau und der Mondphase während ihrer Geburt aufzustellen. Außerdem hat er herausgefunden, das für ein Kind, dass während der Stellung irgendeines größeren Planeten zur Sonne empfangen wurde, eine wesentliche größere Wahrscheinlichkeit für Geburtsschäden, Fehlgeburt, geistige Behinderung und andere Faktoren, die seine Gesundheit beeinträchtigen, besteht."

„Hoffentlich waren Sonne, Mond und alle Planeten am richtigen Platz?", dachte Joachim und fragte Paula: „Kannst du meine Konstellationsdaten überprüfen?" „Mein Wissensstand sagt, dass Himmelskörper einen wahrnehmbaren Einfluss ausüben auf unsere biologische Substanz", erwiderte Paula und ergänzte, „das Aussagen überprüfbar und in groben Zügen beweisbar geworden sind."

Mit seiner Aussage: „Wir können das astrologische Feld mit einem Musikstück vergleichen. Die Melodie ist eine zeitliche Abfolge von Rhythmen und Frequenzen. Die Melodie bleibt und ist immer die gleiche", unterstrich Joachim einerseits sein Verstehen, aber anderseits glaubte er nicht an so genannte Energiemuster.

Er glaubt nur, dass Menschen ihre Fähigkeiten effektiver einsetzen könnten, dass sie oft Energien blockieren oder in falsche Bemühen vergeuden. Unabhängig davon, welche Konstellationen bei Geburt oder im täglichem Leben vorherrschen. Aber trotzdem, oder gerade deshalb forderte er Paula weiterhin auf, die richtige Partnerin im Teich der Astrologie zu finden. „Welches Sternzeichen passt zu mir", drängelt Joachim.

„Paula, passt dein Sternzeichen zu mir?"

„Zunächst schauen wir uns Wahlmöglichkeiten und ihre Bedeutung zueinander an", erwiderte Paula.

Welches Sternzeichen passt zu mir, welches nicht?

Fortsetzung siehe Tabelle 2 ➜

Tabelle 1 ➜	Widder	Stier	Zwilling	Krebs	*Löwe*	Jungfrau
Widder	5	2	7	2	3	2
Stier	2	1	6	3	2	5
Zwilling	7	6	6	2	7	2
Krebs	2	3	2	3	5	4
Löwe	3	2	7	5	6	2
Jungfrau	2	5	2	4	2	1
Waage	1	6	1	1	1	4
Skorpion	2	1	4	2	4	6
Schütze	6	4	1	4	2	5
Steinbock	4	7	4	1	2	7
Wassermann	3	2	1	3	4	1
Fische	4	4	4	5	3	4

Suchen Sie den Schnittpunkt!

Beispiel: Krebs mit Löwe, siehe Bedeutung **5**

Bedeutung = 1: Flirt, Affäre, sehr tiefe Liebe, alles ist drin. Selbst bei Zeichen, die sich sonst nicht immer mögen.

Bedeutung = 2: Nörgeleien, Lästereien, Streit, Krach, tiefes Zerwürfnis kann sich sehr plötzlich ergeben.

Bedeutung = 3: Ideal für aktive Freizeit, Sport, Hobby, Kino, Theater, Biertisch. Typ treuer Begleiter, guter Bekannter.

Bedeutung = 4: Jemand, der wichtige Infos liefert, der hilft, der zufällig das hat, was Sie brauchen.

***Bedeutung* = 5:** Jemand bei dem Sie geborgen sind, der vertraut ist, zur Familie gehört, bester Freund sein kann.

Bedeutung = 6: Gut für Geschäfte. Jemand über den oder mit dem Sie gut Geld verdienen können.

Bedeutung = 7: Jemand, mit dem Sie relaxen oder Urlaub machen können. Perfekt für Beauty- und Wellnessaktionen.

Welches Sternzeichen passt zu mir, welches nicht?
Tabelle 2

Tabelle 2 ➔	Waage	Skor-pion	Schütze	*Stein-bock*	Was-ser-mann	Fische
Widder	1	2	6	4	3	4
Stier	6	1	4	7	2	4
Zwilling	1	4	1	4	4	4
Krebs	1	2	4	*1*	3	5
Löwe	1	4	2	2	4	3
Jungfrau	4	6	5	7	1	4
Waage	7	1	5	4	2	3
Skorpion	2	3	7	3	5	1
Schütze	5	7	6	6	3	5
Stein-bock	4	5	6	7	3	6
Wasser-mann	2	5	3	3	6	1
Fische	3	1	5	6	1	7

Beispiel: *Krebs* mit *Steinbock,* siehe Bedeutung *1*

Bedeutung = 1: Flirt, Affäre, sehr tiefe Liebe, alles ist drin. Selbst bei Zeichen, die sich sonst nicht immer mögen.
Bedeutung = 2: Nörgeleien, Lästereien, Streit, Krach, tiefes Zerwürfnis kann sich sehr plötzlich ergeben.
Bedeutung = 3: Ideal für aktive Freizeit, Sport, Hobby, Kino, Theater, Biertisch. Typ treuer Begleiter, guter Bekannter.
Bedeutung = 4: Jemand, der wichtige Infos liefert, der hilft, der zufällig das hat, was Sie brauchen.

Bedeutung = 5: Jemand bei dem Sie geborgen sind, der vertraut ist, zur Familie gehört, bester Freund sein kann.

Bedeutung = 6: Gut für Geschäfte. Jemand über den oder mit dem Sie gut Geld verdienen können.

Bedeutung = 7: Jemand, mit dem Sie relaxen oder Urlaub machen können. Perfekt für Beauty- und Wellnessaktionen.

Welches Sternzeichen passt zu mir, welches nicht?

Leertabelle

Tabelle 4 ➜

Tabelle 3	Widder	Stier	Zwil-ling	Krebs	Löwe	Jung frau
Widder						
Stier						
Zwilling						
Krebs						
Löwe						
Jungfrau						
Waage						
Skorpion						
Schütze						
Stein-bock						
Wasser-mann						
Fische						

Tabelle 4 ➜

Bedeutung = 1: Flirt, Affäre, sehr tiefe Liebe, alles ist drin. Selbst bei Zeichen, die sich sonst nicht immer mögen.
Bedeutung = 2: Nörgeleien, Lästereien, Streit, Krach, tiefes Zerwürfnis kann sich sehr plötzlich ergeben.
Bedeutung = 3: Ideal für aktive Freizeit, Sport, Hobby, Kino, Theater, Biertisch. Typ treuer Begleiter, guter Bekannter.

Bedeutung = 4: Jemand, der wichtige Infos liefert, der hilft, der zufällig das hat, was Sie brauchen.

Bedeutung = 5: Jemand bei dem Sie geborgen sind, der vertraut ist, zur Familie gehört, bester Freund sein kann.

Bedeutung = 6: Gut für Geschäfte. Jemand über den oder mit dem Sie gut Geld verdienen können.

Bedeutung = 7: Jemand, mit dem Sie relaxen oder Urlaub machen können. Perfekt für Beauty- und Wellnessaktionen.

Welches Sternzeichen passt zu mir, welches nicht?

Leertabelle

Tabelle 4	Waage	Skor-pion	Schütze	Stein-bock	Was-ser-mann	Fische
Widder						
Stier						
Zwilling						
Krebs						
Löwe						
Jungfrau						
Waage						
Skorpion						
Schütze						
Stein-bock						
Wasser-mann						
Fische						

Tragen Sie Ihre Bedeutungsziffern 1 bis 7 ein.

Bedeutung = 1: Flirt, Affäre, sehr tiefe Liebe, alles ist drin. Selbst bei Zeichen, die sich sonst nicht immer mögen.
Bedeutung = 2: Nörgeleien, Lästereien, Streit, Krach, tiefes Zerwürfnis kann sich sehr plötzlich ergeben.
Bedeutung = 3: Ideal für aktive Freizeit, Sport, Hobby, Kino, Theater, Biertisch. Typ treuer Begleiter, guter Bekannter.

Bedeutung = 4: Jemand, der wichtige Infos liefert, der hilft, der zufällig das hat, was Sie brauchen.

Bedeutung = 5: Jemand bei dem Sie geborgen sind, der vertraut ist, zur Familie gehört, bester Freund sein kann.

Bedeutung = 6: Gut für Geschäfte. Jemand über den oder mit dem Sie gut Geld verdienen können.

Bedeutung = 7: Jemand, mit dem Sie relaxen oder Urlaub machen können. Perfekt für Beauty- und Wellness-Aktionen.

Paulas individuelle Analyse

„Paula, nun kennst du meine persönlichen Daten", begann Joachims Fragestunde. „Und was erkennst du aus meinem Innenleben? Gibt mein Sternzeichen schon einen ersten Einblick in meine mehr oder weniger verborgenen, inneren Anlagen und Talente? Habe ich bisher nur falschen Frauen gedient? Und wer ist mein Aszendent?", prasselten ungeduldig und hektisch gestellte Fragen auf Paula nieder.

„Nun mal langsam und der Reihe nach", konterte Paula und versuchte das Gespräch in sachliche Bahnen zu lenken. „Meine, für dich erstellte individuelle Analyse zeigt zunächst einmal, dass aufgrund deines Geburtstages und deiner Geburtsstunde, dein Aszendent der Steinbock ist." „Und was ist mit meiner Löwin?", unterbrach Joachim Paulas Ausführung.

„Nicht so ungeduldig und unterbrich mich nicht dauernd, ich erkläre es dir doch", antwortete sie genervt. „Durch den Aszendenten wird zunächst nur festgehalten, welches Tierkreiszeichen zum Zeitpunkt deiner Geburt gerade am östlichen Horizont aufgegangen ist. Im Gegensatz zu deinem Sternzeichen Krebs, dass dir deine Anlagen nennt, besagt dein Aszendent Steinbock, wie und auf welche Art und Weise du deine Anlagen nach außen darstellst", versuchte sie mit einfachen Worten zu erklären. „Und genau deshalb kommt dem Aszendenten gleiche Bedeutung zu, wie ein Sternzeichen. So hast du Joachim zwei Potentiale in dir, die du zum Ausdruck bringen kannst. Meistens sind sie auch noch unterschiedlich. Es sind die berühmten zwei Seelen, die in deiner Brust stecken. Je nach dem, welche Kombination sich von deinem Tierkreiszeichen und dem Sternzeichen des Aszendenten ergibt, kann es eine zerreißende oder eine harmonische Verbindung sein."

Nachdenklich und schweigend suchte Joachim in der Tabelle „Welches Sternzeichen passt zu mir, welches nicht?" nach und analysierte zunächst die Kombination Krebs mit Löwen. Von seinem Sternzeichen, dem Krebs, kannte er das Motto: *„Ich fühle."* Er weiß genau, dass er in einem Gefühlraum mit Facetten wie, Sensibilität, Zugehörigkeit, Kreativität und Intuition lebt.

Und der Löwe - seine bisherigen Frauen - lebt nach dem Motto: *„Ich will."* Er liebt die Selbstverwirklichung und die persönliche Freiheit. Dank seiner Kraft, Würde und Fairness gewährt er dem Schwachen großmütigen Schutz. Dadurch kann er aber auch seine Mitmenschen zu Tode lieben. Auch Stolz, Eitelkeit und Selbstüberschätzung sind seine Charaktere.

Die Tabelle, die Joachim als Grundlage wählte, zeigte klar im Knotenpunkt von Krebs und Löwe, die Bedeutungziffer „5" mit Kurzhinweis: *„Jemand bei dem du geborgen bist, der vertraut ist, zur Familie gehört und bester Freund sein kann".*

65

„Aber warum hat es dann nicht geklappt mit der Löwin?"

„Ich habe es dir doch schon mal erklärt, dass du im Element Wasser und der Löwe im Element Feuer zu Hause ist", erwiderte Paula und ergänzte: „Es ist ganz normal, dass alle vier Elemente nicht gleich stark ausgeprägt sind. Jedes Element ist in verschiedenen Ausprägungen deutlich wiederzuerkennen. Wodurch sich zwölf Grundzustände bilden, zwischen denen es aber nahtlos Übergänge mit Hauptströmungen ergeben. Durch weitere Mischungen können verschiedene Kontraste, Verläufe und Zwischenprägungen entstehen. Solange aber nur dein Element Wasser stark ausgeprägt ist, nimmst du in manchen Lebenssituationen die Wirklichkeit unvollständig, ja sogar verzerrt war."

„Jetzt verstehe ich einiges besser", philosophierte Joachim. Und genau diese fehlenden Elemente sind die Quelle für unser Ungleichsein, für Konfliktherde. In einem der wichtigsten Lebensbereiche, in dem du dein fehlendes Element entdecken kannst, ist die Partnerschaft. Besonders an kleinen Dingen des täglichen Lebens scheitern Beziehungen Denk doch mal über den täglichen Konflikt Einkaufen, Auswahl des Fernsehprogramms, Müll und Staubsaugen nach.

„................soll sich doch der Andere darum kümmern......"

„Wenn nicht, dann kann man sich mit Recht über den Anderen mokieren. Aber es ist sehr wohltuend, wenn ein Anderer die eigene Schwachstelle übernimmt, leider auch gefährlich", so Paula weiter. „Das bedeutet aber auch, dass in Phasen der Verliebtheit Schwachstellenübergabe und Annahme höchstes Glück bedeutet. *„......man hat Jemanden gefunden........."*

Ob im guten oder im schlechten Zusammenleben sehen wir nie richtig wie der Partner, oder die Partnerin ist. Das eigene fehlende Element verzerrt das Bild.

Nicht grundlos konterte Joachim: „Hmmm, äääh Paula, mein wichtigstes fehlendes Element ist das Geld, alles andere habe ich im Griff. Oder?"

„Eigentlich suchst du nur eine Partnerin, um dein fehlendes Element - nicht das Geld - zu ergänzen, weil deine bisherigen Frauen das ergänzt haben, was du leider immer wieder verdrängt hast. Und wenn du wissen willst Joachim, welches Element dir fehlt, musst du nur deine Exfrauen realistisch betrachten."

Ein Feuerwerk, ein Breitband-Film dröhnt durch seinen Jahrmarkt der Eitelkeiten. Und er sieht freudige, weniger freudige, ernste und lachende, traurige und schöne Situationen. Aber er sieht auch das Ende seiner Gefühlsachterbahn - ohne Happy End.

„Denn was deine Exfrauen - Löwen - verkörpert haben, ist nämlich genau dass, was dir immer und auch in Zukunft fehlt, oder gefehlt hat. Und deshalb stimmt sogar das Herzen ergreifende Schnulzenlied, *„...du, nur Du, nur Du allein machst mich glücklich, ohne Dich kann ich nicht leben!"* Und genau deshalb üben auch für viele Menschen romantische Begegnungen eine magische Kraft aus."

„Dann sollte ich wohl besser die Vergangenheit vergessen", meinte Joachim und Paula nickte anerkennend.

Partnerschaften astrologisch betrachtet

„Aber welche Partnerin passt zu mir?", weiß Paula zu berichten, wenn sie für Männer astrologische Partnerschaften ermittelt. Joachim wusste genau, dass in jedem Fall Vorsicht geboten ist, wenn Paula versucht, seine Suche nach einer Partnerin astrologisch zu unterstützen.

Jeder Mensch, das ist Gott sei Dank so, ist von einer ganzen Reihe von Faktoren und Einflüssen geprägt, die das Horoskop als scheinbare Veranlagung zeigt. Es sind nur Teile davon. Selbst wenn wir uns auf astrologische Grundlagen berufen, so wissen wir in der Regel nicht, welche Strömungen der Einzelne noch in eine Partnerschaft einbringt und welche er schon für sich selbst erkannt hat.

So könnte sich manche Problemkonstellation mit Lösungsansätze, die das Partnerschaftshoroskop zeichnet, sich als richtig darstellen, weil es schon vor Beginn der Partnerschaft erkannt wurde.

„Welche Methode der Partnerastrologie wählst du?", wollte Joachim wissen.

„Am gängigsten ist die Methode, die Planetenkonstellation des Partners in das eigene Geburtshoroskop einzutragen", erklärte Paula und startete am PC ihr installiertes Programmpaket Horoskopberechnungen.

„Ich nenne dir jetzt mein eigenes Geburtsdatum und das Geburtsdatum meiner Ex-Löwin."

Bevor Paula alle Daten eingeben hatte, wollte Joachim noch wissen: „Warum hast du so detailliert über Tierkreise, Häuser, Planeten, Aszendenten, Vertex, Geburtsort und Stunde erzählt, wenn diese Daten nicht berücksichtigt werden? „Die Daten waren wichtig für die Erstellung deines Geburtshoroskops. Jetzt erstelle ich dir ein Partnerschaftshoroskop, um aus der Vielzahl „meiner Damenwelt" für dich die richtige zu wählen. Die Präsentations CD rundet die ganze Berechnungs- und Ergebnisanalyse ab."

„Und das soll funktionieren?", erwiderte Jochim in unterschwelliger Tonart, die Paula überhaupt nicht mochte.

Als Astrologin wusste sie genau, welche Schwachstellen solche Berechnungen haben. Und über Irrtümer der Astrologen und falschen Vorwürfe, Zu- und Abneigung gegenüber der Astrologie sind unzählige Bücher geschrieben worden. Oft sind es nur Missverständnisse, die zu den entsprechenden Vorurteilen in beiden Lagern führen. Kernpunkt der Wissenschaft ist, dass die Sterne nichts mit dem Einzelschicksal zu tun haben. Aber es scheint logisch, dass durch das Zusammenspiel der gigantischen Kräfte, die in unserem Sonnensystem herrschen, ein ganz spezielles „Kräfteverhältnis zwischen Mensch und Natur" besteht.

Jede Veränderung, verändert das Kräfteklima. Da die Erde Bestandteil dieses Systems ist, wird sie von Veränderungen nicht verschont bleiben. Die Umwelt hat sich bereits verändert. Und letztendlich auch wir! „Aber, wie bewertest du mein Horoskop und was vergleichst du?", trieb Joachim das Gespräch weiter.

Eigentlich war er immer auf ein Gesamtbild, auf einen gleichen Frauentyp festgelegt. Und nun kommt Paula und will das in Frage stellen. Während Joachim noch dachte: „Ich lasse mich einfach überraschen", hatte Paula bereits den Video-Recorder mit der ersten Präsentations-CD bestückt.

„Setze dich in den großen Ohrensessel und entspanne dich! Ich werde dir die erste Partnerin vorstellen. Bevor du eine Bewertung abgibst, schau dir erst kritisch das Video bis zum Ende an."

„Licht aus, Spot an", dachte Joachim, als er sich in den bequemen Sessel mit riesigen Armstützen niederließ. Er schloss die Augen und stellte sich vor in eine reife, saftige Südfrucht zu beißen. Seine Phantasie ließ ihn bald das Wasser im Munde zusammenlaufen.

„Träume nicht", ermahnte ihn Paula.

„Jetzt reicht`s mir wirklich, Paula! Ich möchte mich doch nur in eine positive Stimmung versetzen."

„Rede dir nicht ein, du liebst, was du flüchtig siehst. Glaube auch nicht, wenn es dir einerseits gelingt, dich selbst in Feuer zu sehen, aber anderseits in Asche daher kommst, dass du begehrst. Zum Realitätsverlust und zur Erzeugung von Glücklichsein eignen sich nur wenige Maßnahmen."

„Und welche?", wollte Joachim wissen. „Phantasien!"

Verwirrung, Bestürzung, angebliches Nichtverstehen, „sich herausreden wollen", seine Schuldgefühle kamen hoch und waren letztendlich Beweis dafür, dass Paula im vielem Recht hatte. Und er erinnerte sich an seine erste Ehefrau, die dazu neigte oft aus dem Wohnzimmer zu rufen: „Was ist das?"

Sie erwartete nämlich, dass er aus seinem Hobbyzimmer aufstand, um herauszufinden, was sie meint. Doch dann gelang ihm in einer anderen Situation den Spieß umzudrehen.

Er saß mal wieder im Hobbyzimmer, als seine Frau rief: „Ist es angekommen?"

Obwohl Joachim keine Ahnung hatte, was es war, rief er zurück: „Ja!"

„Und wo hast du es hingelegt?"

„Zu den anderen Sachen!"

Nun konnte er zum ersten Mal stundenlang ungestört im Hobbyzimmer lesen, arbeiten und basteln.

70

„Hallo Joachim, hier läuft der Film", holte Paula ihn wieder zurück.

Eine blonde, von Natur mit Löwenmähne gesegnete Dreißigjährige stieg aus dem Swimmingpool und schlenderte verführerisch am Poolrand entlang. In weichen Wellen fiel ihr Haar bis fast auf die Schultern. Dunkelrot leuchtete ihr großer Mund. Schneeweiße Zähne umrahmten ihr Lächeln. Leicht schräg geschnitten waren die Augenbrauen. Lange seidige Wimpern klimperten aufgeregt vor ihren blauen Augen, auf und nieder. Markant hochgestellte Wangenknochen umrahmten ihr samtweiches, Gold gebräuntes Gesicht, ihren ganzen makellosen Körper. Über ihren knappen Tanga - schwarz mit nachtblauem Saum - trug sie ein sonnengelbes Handtuch. In der Hand hielt sie ihre Schwimmbrille. Im Gegenlicht der untergehenden Sonne leuchtete ihr Haar goldgelb und kastanienbraun. „Was für eine Frau", frohlockte Joachim und ließ vor Staunen sein Glas fallen. Seine Augen glänzten „..... und auch noch diese langen, schönen Beine", die mittlerweile in sexy Riemchenschuhe mit Zehendekollete geschlüpft waren. Po und Busen signalisierten Begehren. Ja sogar Paarungsbereitschaft.

„Dieser Typ von Frau", erinnerte sich Joachim, „ist meistens lustkalt, kühl und überheblich."

Und zu schön für Sex? Dumm nur ist, dass Schönheit ein Blickfang ist und oft nur kurzzeitig erregt. Doch an Schönheit gewöhnt Mann sich schnell, an Unsinnlichkeit und Unlust nie. Aber wenn Joachim, diesen Typ von Frau, mit Höflichkeit, Humor und Charme näher kam, dann gab es oft kein Halten mehr. Begehren lockt. Seine Frauenbekanntschaften sind immer auf dasselbe angesprungen. Nur ihre Sex-Assoziationen waren verschieden!

„Ich heiße Claudia, habe Kunst und Geschichte studiert", sprach sie langsam mit tiefer verführerischer Stimme, „.... und meine Hobbys sind kultureller Natur. Aber ich treibe auch gern Sport. Kulturreisen sind, neben meinen Kochkünsten, meine großer Leidenschaft."

„Stopp, Halt", forderte Joachim Paula auf. „Diese Frau möchte ich kennen lernen. Wer ist sie und wie kann ich sie treffen? Und ihr Horoskop soll zu mir passen? Und was für ein Sternzeichen trägt sie? Ihre Blicke locken mich an Sex zu denken."

„Der Reihe nach", erwiderte Paula. „Ihr Sternzeichen ist Stier. Ihr Element Erde. Also ein Empfindungstyp und Melancholiker. Ausdauer, Fähigkeiten für Gestaltung und Sinn für Formen sind weitere gute Eigenschaften." Er dachte weiter: „Dieser Augenfick-Blick ......! Und was machen wir beide jetzt?"

„Wenn du diese Frau kennen lernen möchtest, müssen wir erst ein Mal den dazugehörigen Schreibkram erledigen. Du weißt doch, dass ich auch eine Begleit- und Partnerschaftsmittlerin bin."

Sie legte Joachim ein Vertragsformular zur Unterzeichnung vor. „Oh Gott", diese kühlen Augen dachte er und sagte nur: „Einhundertfünfzig Euro?"

„Ja, hier bitte unterzeichnen!"

Zu seiner Überraschung sah er, dass Paula nervös wurde.

„Einhundert Euro", erwiderte er kühl. „Genug?"

„Genug, erwiderte Paula!"

4. Kapitel

Marcel`s Cafe-Restaurant
im Sommer 2007

Schnellen Schrittes durchquerte Joachim die Altstadt, um in die Rheinuferpromenade einzubiegen. Die vertraute, sommerlich geschmückte Fassade mit mediterraner Terrasse, vor dem *Cafe-Restaurant Marcel`s,* beruhigte ihn. Denn hier im Marcel`s, im Stil der Belle Epoque, mit traumhaften Blick auf den Rhein mit seinen ausladenden Auen fühlt er sich heimisch, fühlt er sich wohl und sicher.

Robert, der Geschäftsführer begrüßt ihn wie immer mit einem neuen Tagesspruch. Carmen, die hübsche rassige Spanierin reicht Joachim die aktuelle Tageszeitung und Eva, die charmante und hübsche Blondine, sie kennt Joachim`s Trinkgewohnheiten genau. Und heute ist wieder so ein Tag. Wenn Joachim mit Regenschirm das Cafe betritt, dann mixt Eva bereits heiße Milch mit Honig.

„Nein danke, heute nicht. Ich erwarte Damenbesuch." Joachim ist stets erfreut über diesen hervorragenden Service. Nur die Namen sind nicht so, stellt Robert einfühlsam fest. „Eva ist unsere Dörte und Carmen ist unsere Isabel", bringt er Joachim behutsam in die richtige Spur zurück.

„Entschuldigung, ich werde es bestimmt irgendwann kapieren", und richtet sofort an Dörte seine Standardfrage: „Welchen Typ Krawattenknoten sie denn heute trägt?" Denn Dörte hatte Joachim mit fachkundigem Charme erklärt, dass es achtundneunzig verschiedene Knotentypen gibt und sie auch einige beherrsche. Heute trägt sie den afrikanischen

Doppelspitzknoten, der dem kanadischen Wickelknoten ähnelt.

„Sieht flott aus", dachte Joachim, „ich kann mir nur immer den Standardknoten binden."

Er setzt sich links ans Fenster mit Blick auf die Rheinuferpromenade, auf den Rhein, den Fernsehturm. Trotz Nieselwetter erkennt er an der Pegeluhr die Hochwasseranzeige 2 Meter 23 - und im Hintergrund den Schlossturm, das Wahrzeichen Düsseldorfs. Der Panoramablick, vom Fensterplatz aus betrachtet, wird romantisch aufgewertet durch den schiefen, in sich verdrehten Turm der Lambertuskirche.

Heinrich Heine - 1797 bis 1856, Dichter und Journalist - ein Sohn der Stadt Düsseldorf, war seinerzeit, genau hier am Rheinufer, den Mythos Rheinromantik erlegen, der seine magischen Kräfte besonders auf Künstler ausübte. Die geistige Strömung der Epoche, der Romantik um 1760 bis 1890 - Abkehr von Rationalismus - kennzeichnete die Schönheiten der Natur, des Lebens und nicht den Nutzen. Gefühle und Beseelung der Umwelt waren Kennzeichen der literarischen Romantik. Geistige Bewegung durch die Brüder (*nicht Gebrüder*) Wilhelm und Jacob Grimm, 1785 bis 1863, Begründer der germanischen Sprach- und Altertumswissenschaften, der deutschen Grammatik und der deutschen Mythologie. Jedoch sind sie bekannter durch deutsche Sagen, sowie Kinder- und Hausmärchen.

In dieser Zeit kam auch das erste volkstümliche, nationale Gedankengut auf. Und Auflösung von alten Formen. Entdeckung des frühen christlichen Mittelalter und Wiedererweckung des deutschen Altertums wurden begleitet von neuen Tendenzen in Malerei, Musik, Geistes- und Naturwissenschaften, Farblehre und Baukunst. „Ach", dachte Joa-

chim, „in dieser Zeit des Aufbruchs hätte ich gerne gelebt."
Und schaute verträumt über den Rhein, hin nach Oberkassel.

Oberkassel, die gegenüberliegende Düsseldorfer
Rheinseite liegt bereits im Dämmerlicht der untergehenden
Sonne. Er kann nur schemenhaft die schmucken Altbaufassaden erkennen. Düsseldorf ist hier an der Rheinpromenade
besonders schön. Zu jeder Jahreszeit! Aber besonders im
Sommer!

Claudia

„Hallo, guten Abend, Joachim. Wir haben uns durch Paula
kennen gelernt."

Höflich stand Joachim auf und erwiderte charmant:
„Bitte, nehmen sie Platz." Sie setzte sich und kreuzte gekonnt
ihre langen schlanken Beine. Sie trug ein rotes Sommerkleid,
an diesem trüben Tag. Und dazu passend eine kurze schwarze italienische Lederjacke. Das Kleid glitt etwas zurück und
unterstrich vorteilhaft ihre schönen Beine. Unendlich lange
blickte sie Joachim an.

„Ich heiße Claudia. Paula hat mir von deiner Höflichkeit, von deinem Humor und Charme erzählt. Und auch,
dass das Partnerschaftshoroskop Prophezeiungen preisgab,
die eine versprechende Zukunft mit dir - ich darf dich doch
duzen - verspricht." Sie sagte das alles ein wenig nervös und
atemlos. Zu seinem Erstaunen merkte Joachim, dass sie
leicht errötete. Die Zungenspitze glitt immer wieder über ihren dunkelroten Mund. Ihre Wimpern, aber das kannte er
schon vom Video, klimperten auf und ab. Sie zupfte mehrmals ihr Kleid zurecht. Es gab keinen Mann im Cafe, der
nicht immer wieder zu ihr schaute. Vielleicht kam auch etwas Neid auf. „Aber Neid ist oft eine zum Unglück verurteilte Form der Bewunderung", wusste Joachim die Blicke zu

deuten. Galant und diplomatisch überspielte er Claudias Nervosität und meinte höflich: „Ich bin sehr glücklich, dass *sie* gekommen sind." Das angebotene *du* zu nutzen, viel ihm noch schwer. „Unsere Horoskope haben uns zusammengeführt. Also hat die Astrologie doch ihre Berechtigung. Oder?"

„Schreckliche, aber auch schöne Prophezeiungen werden deshalb erfüllt, weil man von ihnen wusste und ihnen entgehen versuchte, oder suchte", meinte Claudia sehr laienhaft und naiv ausgedrückt.

„Ich kann es mir nicht vorstellen, dass ein Horoskop in der heutigen Zeit mit sechzig Millionen erwachsenen Bundesbürger, für fünf Millionen Menschen im selben Tierkreiszeichen Geborene, vor der Möglichkeit einer Gefahr oder eines Unfalls warnen kann. Von Liebes-, Geld-, und guten Taten ganz zu schweigen", ergänzte Joachim das Thema und winkt Robert herbei, mit der Bitte die Speisekarte zu bringen.

Cafe-Restaurant Marcel`s
Mittagskarte
„Die Hoffnungslosigkeit ist
schon die vorweggenommene Niederlage"

Unsere Weinempfehlung der Woche
ein Glas Rotwein
Sangiovese, Toscana, IGT
3,00 Euro

Unsere Menüempfehlung der Woche
1. Tagessuppe
4,50 Euro
2. Ungarische Gulaschsuppe
6,90 Euro
3. Gebratener Kasseler auf Sauerkraut und Kartoffelpüree
8,90 Euro
4. Lasagne „al Forno"
9,50 Euro
5. Leichte Gemüsepfanne mit Estragon im Bandnudelnest
9,50 Euro
6. „Paella"
Meeresfrüchte, Hühnerfleisch mit Gemüse und Safranreis
9,90 Euro
Unser Dessertempfehlung der Woche
Haselnuss-Pudding 4,20 Euro
Dessertvariation „Delane" 4,50 Euro
Apfelstrudel mit warmer Vanille Sauce 4,80 Euro

Zur Paella und leichter Gemüsepfanne unterhielt man sich über Kunstausstellungen. Beim Dessert, Claudia hatte den Haselnuss-Pudding gewählt und Joachim wusste den Apfelstrudel zu schätzen, wurde sie schon offener.

Claudia erzählte von Ihrer Ausbildung an der Europäischen Kunstakademie für Bildende Kunst in Trier und über weitere künstlerische Ausbildungen in verschiedenen Werkstätten. Sie war lange Zeit Mitglied im Künstlerverein Malkasten Düsseldorf.

Höflich unterbrach Joachim sie mit der Frage: „In welchen Arbeitstechniken sie arbeite und wo?"

„In meinem eigenen Atelier, in Oberkassel", erzählte sie voller Stolz, „.... und wenn du Lust hast, besuche mich. Dann kann ich dir meine neuesten Acryl-Mischtechniken mit Sand zeigen. Auch Aktzeichnen und Aktmalerei gehören zu meiner künstlerischen Ausbildung."

„Spannung im Körper aufbauen", diesen Satz hört Joachim im Zusammenhang mit Aktmalerei noch heute, wenn er an seine Freundschaft mit Hansel, dem Kunststudent denkt. Er schaffte es immer wieder zur vorgerückten Bierstunde attraktive Studentinnen in Stimmung zu bringen, zu animieren, als Aktmodel ihn künstlerisch zu unterstützen. „Und ich müsse in der Lehrphase praxisorientierte Arbeitstechniken sammeln", so seine treffsicher Argumentation meiner Gegenwart.

„Eine meiner Einzelausstellungen ist im Golfclub GC-Düsseldorf. Wenn du möchtest, kannst du mich besuchen."

Joachim schlug die Hände vor Freude zusammen und meinte: „Das ist aber ein Zufall, mein bester Freund spielt dort Golf. Und morgen bin ich Gastgolfer. Wann soll ich dich abholen?

Sagen wir um vierzehn Uhr?" „Nein, das geht nicht, da kommt meine Freundin Dagmar, auch Künstlerin. Am Abend leite ich dort eine Präsentation zum Thema Gegenständliche Malerei, als persönlicher Ausdruck."

Joachim fing allmählich an, sich für Claudia zu interessieren. War er aus Neugier gekommen sich zu amüsieren, so wandelte er jetzt auf Freiers Füßen. Er dachte nur an das Eine und hinterfragte sich: „Ich will nicht am Ende meines Lebens bereuen müssen, nur das, was ich nicht getan habe. Ich will keinen Augenblick des Bedauerns, mein Leben mit Ängstlichkeiten und Duldungsstarre verplempert zu haben. Lebekunst ist für mich Harmonie des Handelns und meiner Gesinnung. Ich versuche immer zu bekommen, was ich liebe, sonst muss ich das lieben, was ich bekomme. Wenn nicht jetzt, wann dann?", spürte Joachim seinen männlichen Instinkt.

Schluss mit dem „... wenn-dann-aber-und-überhaupt"............!

Er nahm zart ihre Hand und küsste sie leicht auf die rechte Wange. Da roch er den Duft ihrer Haut. Gefangen in einer Gefühlswelt stammelte er unverständliche Dinge. Doch Claudia hatte verstanden. „Joachim, ich weiß, du hast nicht viel getrunken. Ich möchte nicht, dass wir uns verlieren. Wir sehen uns Morgen im Golf-Club." Sie stand auf, drückte ihn und sagte: „Lebewohl", und er spürte wie ihre Hand seinen Rücken entlang strich. Die Achterbahn seiner Gefühle schlug Purzelbäume.

Er seufzte tief durch: „Oh, mein Gott, fängt das schon wieder an?" Robert, der Geschäftsführer, hatte alles im diskreten Abstand, ohne es zu wollen, bemerkt und half mit hingebungsvollem Lächeln der bildhübschen Claudia in ihre Jacke. „Sie scheinen ja ein Glückspilz zu schein", meinte er als er Joachim die Rechnung und zur Stärkung einen Cognac brachte.

„Ich bin mal wieder in Aufbruchstimmung", erklärte er Robert. „Ich suche ruhelos, aber wo nach?", wollte er von Robert wissen.

„Leben ohne Frauen ist wie ein Portmonee ohne Geld", philosophierte Robert mit einem Lächeln in den Augen. Er konnte nicht ahnen, wie recht erhatte.

„Wenn es darauf ankam, bin ich oft abgehauen. Und dieses Mal? Ich habe wieder Fluchtpläne", vertraute er sich Robert an. Robert schwieg diplomatisch und wünschte einen guten Heimweg. Isabel reichte ihm seine Jacke und Dörte den Regenschirm. Diese Vertrautheit beruhigte ihn. Sein Heimweg stand nichts mehr im Wege. Ja, wenn er nur nicht dieser Claudia begegnet wäre.

Im Golf-Club

Am nächsten Vormittag wurde ihm klar, dass er begehrt. Sein Golffreund Peter konnte nicht erahnen, was noch passieren wird.

Er bemerkte nur: „Joachim, was ist los? Du spielst heute weit unter deinen Möglichkeiten? Hast du mal wieder finanzielle Sorgen? Du weißt doch, ich helfe dir immer!" „Nein, Peter! Nein, diesmal kannst du mir nicht helfen. Ich bin heute Abend - hier im Club - zur Präsentation eingeladen. Irgendetwas über Kunst."

„Du und Kunst? Da steckt bestimmt wieder eine Frau dahinter. Sei auf der Hut. Künstlerinnen sind nicht einfach. Und was ist eigentlich aus deiner Paula geworden?" „Diese Paula", dachte Joachim, „.... hat einerseits mein Leben in den Schoß der Astrologie gelegt und mich mit Claudia zusammengebracht, aber anderseits kann ich meine Abneigung gegenüber Partnerschaftshoroskope nicht verbergen. Irgendetwas stimmt nicht. Aber was?"

Er findet immer dieselben Argumente, die als unwiderlegbare Fakten beeindrucken. „Wenn ich bedenke, dass Sternzeichen und Bilder ihre Positionen ständig verschieben, aber die Astrologie dies nicht berücksichtigt, dann kann die gesamte Astrologie nicht mehr stimmen", überdachte Joachim Paulas Horoskopanalyse. „Ich als Krebs, wäre schon lange kein Krebs mehr, sondern müsste je nach Richtungswechsel, Zwilling oder Löwe sein."

Auch die Fixsterne sind nicht fix, wie es die Astronomen noch vor Jahrzehnten angenommen haben. Man hat festgestellt, dass die Dynamik des Universums nicht nur Galaxien in ihrer Größe verändern, sondern auch innerhalb des Universums bewegen. Und wenn man bedenkt, dass der Weltraum so groß ist, dass Sterne fast unvorstellbar weit voneinander entfernt sind, dann macht es nicht viel Sinn mit Entfernungskilometer zu rechnen. Die Zahlen wären einfach zu groß. Deshalb rechnet man Entfernungen zwischen Erde und Sternen mit Lichtjahre. Ein Lichtjahr ist die Strecke, die das Licht in einem Jahr zurücklegt. Nämlich 9,5 Billionen Kilometer (9500000000000). Unser Mond ist etwa 385000 Kilometer von der Erde entfernt. Das Licht benötigt 1,2 Sekunden, um uns zu treffen. Erde und Sonne trennen 8,3 Minuten.

Erde und der nächste Stern, Proxima Centauri, sind bereits 4,2 Lichtjahre entfernt. Der großer Vorteil der Einheit Lichtjahre ist, dass man nicht nur weiß, wie weit der Stern entfernt ist, sondern auch wie alt das Sternenlicht ist, was wir sehen. Damit findet Joachim immer wieder Argumente, die als unwiderlegbare Fakten, gegenüber Analysen und Deutungen von Horoskopen, beeindrucken.

Joachim war froh, die Golfrunde mit nicht erwähnungswertem Ergebnis zu beenden. Jedoch Peter saldierte seine Schläge und meinte nur: „Irgend etwas stimmt nicht mit dir."

Sie setzten sich ins Clubhaus, bestellten bei Kathy den knackigen bunten Sportlersalat und dazu ein Weizenbier. Schweigend beobachteten sie, wie für die abendliche Präsentation Stühle, Tische, Bilder und Stoffballen hin und her bewegt wurden.

„Die Glückliche", dachte Joachim, „sie wird einen schönen Abend haben und ich kann nicht daran teilnehmen. Aber warum eigentlich nicht?" Sein blauer Smoking, mit schmalen Revers und Peters schwarze Clubjacke, waren angemessen für diesen Kulturabend.

Claudia betrat den Saal. Sie trug ein schwarzes Kostüm von Jil Sander. Ein Raunen ging durch die Menge. Die Augen der Männer und der Frauen betrachteten sie mit unterschiedlicher Focusierung.

Von Frauen die körperliche Befindlichkeit. Es wurden Mängel am Kostüm und Frisur, trotz oder wegen Perfektion, festgestellt. Und die Handtasche passt auch nicht zum Outfit. Und die Schuhe, ein Fehlgriff. Ja, Neid kann auch Bewunderung bedeuten.

Aber die Männer ließen keinen Blick von ihrer tadellosen Figur. Vorstellungen, Gedanken, Gefühle und Empfin-

82

dungen versuchten sie im Einklang zu bringen. Die Konzentration auf solche körperlichen Reize lässt andere Dinge in den Hintergrund treten. In weichen Wellen fiel ihr Haar bis fast auf die Schultern. Dunkelrot leuchtete ihr großer Mund. Schneeweiße Zähne umrahmten ihr Lächeln. Leicht schräg geschnitten waren die Augenbrauen. Lange seidige Wimpern klimperten aufgeregt vor ihren blauen Augen, auf und nieder. Markant hochgestellte Wangenknochen umrahmten ihr samtweiches, Gold gebräuntes Gesicht, ihren ganzen makellosen Körper.

„Guten Abend meine Damen und Herren. Ich heiße Claudia, habe Kunst und Geschichte studiert", sprach sie langsam mit tiefer verführerischer Stimme, „und möchte ihnen eine Präsentation zum Thema „Gegenständliche Malerei", als persönlicher Ausdruck näher bringen." Und sie redete. Die Frauen hörten aufmerksam zu. Die Männer träumten. Claudia erschien Joachim so schön, wie noch nie zuvor. Er empfing sie an der Bar. Das blonde Haar trug sie nun leicht hochgesteckt, ovalförmige Ringe, passend zur Halskette und Ring, hingen an den Ohren. Weich und samtig glänzte ihre gebräunte Haut. Und er spürte ihre Wärme, als sie sich drückten.

„Ich danke dir, dass du zu meiner Präsentation gekommen bist." Joachim errötete leicht und wollte eine Bestellung aufgeben. „Das ist lieb von dir", flüsterte sie ihm ins Ohr, „ich bin abgespannt. Lass uns auf mein Zimmer gehen und den Abend genießen." „Und was sagt dein Freund dazu?", wollte Joachim wissen. Keine Antwort. Mit feuchten Augen lag Claudia auf dem Bett. Leise Musik klang aus dem Radio und füllte den Raum. Er lag verunsichert neben ihr. Trotzdem streichelte er ihr Haar. Im Schein der kleinen Tischlampe sah er Tränen in ihren Augen. Sie seufzte tief, rekelte sich und sah Joachim tief in Augen: „Ich bin im Moment so glücklich."

„Ich auch."

„Ja, wirklich?"

„Ja, wirklich, Claudia!"

Doch da war wieder die Nervosität, wie im Video zu erkennen, die Joachim sich nicht erklären konnte. Plötzlich warf sie sich vom Rücken auf den Bauch. Ihr gebräunter Rücken leuchtete im Schein der Tischlampe. Mit erschreckender Lautstärke weinte sie kopfüber in die Kissen: „Ich bin gemein und schlecht, ach ich bin ja so gemein zu dir."

Er ließ sie eine kurze Weile schluchzen und weinen, dann meinte er diplomatisch: „Du brauchst dir wegen deines Freundes keine Sorgen zu machen." Sie setzte sich neben Joachim hin. Ihr makelloser Körper war angespannt. „Alles gelogen, alles Quatsch, Paula, Freund, Kultur und Geschichte, alles Blödsinn", schluchzte sie. „Ich bin, ..."

Und sie warf sich wieder in die Kopfkissen und schluchzte noch lauter. Er nahm ihre Hand. Sie zitterte und war eiskalt.

„Was meinst du damit, was du eben gesagt hast?"

„Ich habe überhaupt keinen Freund."

„Nein, dass meine ich nicht, ich meine, was ist mit Paula?"

„Das darf ich dir nicht sagen", erwiderte sie. „Warum musste das Partnerschaftshoroskop uns zusammen führen. Mein Gefühlsleben zu dir ist nicht im Einklang mit meinem Berufsethos zu bringen. Warum musste ich gerade dich treffen?" Und sie warf sich wieder in die Kopfkissen und schluchzte noch lauter als vorhin. „Gerade dir muss ich das antun", schluchzte sie unter neuem Tränenstrom.

„Was heißt hier antun? Ich weiß doch, dass du bei Paula im Begleitserviceteam arbeitest. Oder gibt es noch Verklausulierungen im Vertragswerk?"

„Ich darf dir nichts sagen ......, Claudia jagt mich davon, wenn ich ......, aber ich muss dir die Wahrheit sagen, sonst ersticke ich."

„Nun mal langsam und der Reihe nach", erwiderte Joachim, der allmählich sein Oberstübchen gefühlsmäßig und logisch geordnet sah und seine Fassung wiedergewann.

„Du bist also eine freie Mitarbeiterin von Paula, mit Zielsetzung Abzocke und kein Techtelmechtel zuzulassen."

„Ja!"

„Ja wirklich?"

„Ja wirklich!"

„Beruhige dich, Claudia", sagte er abwesend.

Durch die Balkontür sah Joachim auf das verlassene Grün des Clubs, zu den Sternen und der unnahbaren Venus, der Erd nächste aller Planeten. Und Claudia war im Sternkreiszeichen Stier mit Zuordnung Venus geboren. Hier bedeutet Venus eine andauernde Zuneigung. Der Tastsinn ist stark ausgeprägt. Man liebt es zu streicheln und zu liebkosten. Dazu kommt ein hochentwickelter Sinn für künstlerische wertvolle Dinge. Venus steht für Harmonie- und Schönheitssinn. Weitere Eigenschaften sind: Ästhetik, Eleganz, Charme, Geschmack, Genuss, Zärtlichkeit, Eros.

Aus der Dämmerung erschienen Frauen aus seiner Vergangenheit, kühle Typen, schöne Frauen, faszinierende Schönheiten, aber keine so wie Claudia. „Realität und Wirklichkeit hat gegen diese Schönheit keine Chance", dachte Joachim. Charmant lächelnd nahm er ihre Hand und fragte: „Sollen wir eine Kleinigkeit essen und trinken?"

„Ja, ich brauche etwas leicht Bekömmliches und Anregendes." Nach kurzer Zeit brachte der Zimmerservice Krabben-Cocktail mit geriebenen Meerrettich. Die Krabben waren mit Cognac bespritzt und ein paar Tropfen Zitronensaft rundeten alles ab.

„Danke, das war ausgezeichnet", seufzte sie tief durch, ohne zu schluchzen.

Es war bald Mitternacht. Plötzlich stand sie auf und ging ins Badezimmer. „Hallo Joachim, schau mich an", holte Claudia ihn wieder zurück. Sie lächelte strahlend und unschuldsvoll. Ihre blonde Löwenmähne, exotisch hochgesteckt, ließ ihren schlanken Hals verführerisch erscheinen. Noch immer dunkelrot leuchtete ihr großer Mund. Und ihre schneeweißen Zähne umrahmten ihr Lächeln. Diese schräg geschnitten Augenbrauen faszinierten Joachim immer wieder. Und ihre langen seidigen Wimpern betonten ihren blauen Augen, ihr Gold gebräuntes Gesicht, ihren ganzen makellosen Körper. Über ihren knappen Slip trug sie eigentlich Nichts, nur sonnengelbe Accessoires. Im Gegenlicht der Tischlampe leuchtete ihr Haar goldgelb, ihr Körper kastanienbraun.

„Oh, da bist du ja", stammelte er. „Mein Gott, was für eine Frau", dachte Joachim und seine Augen glänzten, ... „und auch noch diese endlosen langen Beine." Er lag neben ihr im Bett. Er streichelte ihr Haar und ihren Körper bis zur Po-Ebene. Sie lachten über Gott und die Welt, über belanglose Dinge. Sie mochten Trödelmärkte mit Antiquitäten, sie lasen fast die gleichen Zeitungen, sahen gerne Fernsehdokumentationen, mochten aber keine Talkrunden und auch bei der Auswahl von Speisen und Getränke teilten sie den gleichen Geschmack. Nur Rauchen im Bett empfand Joachim als störend. „Aber heute ist ein besonderer Tag", dachte er.

Nach dem Liebesspiel stellten sie fest, dass sie sich wirklich auf jedem Gebiet verstanden. Im Klang romantischer Musik schlief sie in seinem Arm ein. Nur die kleine Lampe wachte.

„Diese Paula", dachte Joachim, „diese Paula hat mich reingelegt. Ich werde es ihr heimzahlen", schmiedete er Rachepläne und dacht dabei über Wahrheiten nach. Wie bei den meisten bitteren Wahrheiten hatte er es nicht gerne, wenn jemand an Verlogenheiten verdient. Viel Geld zu verdienen ist keine Schande. Es kommt nur auf das Wie an.

„Meine Welt ist die wahre Welt. Verlogen, illusorisch, verrückt, kompliziert und verschoben sind die Welten der Anderen", glaubt Joachim zu wissen. Es gibt für mich drei Themenkreise, wo am meisten gelogen wird:
1.) Über das Alter.
2.) Über Geldverdienen und.
3.) Über Sex.

Und da ich gerade beim Liebesakt war, möchte ich nur klarstellen, „... dass ich Joachim, als Mitteleuropäer, dem Latinlover als Prachtexemplar von Mann, der vielen Frauen sicherlich bekannt ist, in nichts nachstehe", so hatte Claudia es ihm geflüstert! Punkt!

Kein Wunder, wenn man weiß, dass lateinamerikanische Volkslieder, allen voran die nostalgischen Boleros, seit ewigen Zeiten den Schmerz nicht erfüllter und unerreichbarer Liebe in romantischer Weise verherrlichen. Tränenrührende Herrlichkeit der ersten Nacht und oft der letzten, die Trennung kurz vor Erfüllung, ermöglichen diese harmlose Erscheinung. Unsere Frauen träumen davon, wenn er schmachtend und stürmisch *Sie* anmacht und dadurch für reichliche Beziehungsprobleme sorgt.

Wir haben ganz andere Spielregeln, nämlich freiere und deshalb werden sie oft ernst genommen. Darauf sind die Latinlover nicht immer vorbereitet, denn nach seinen Regeln haben sie ihn ja abzuweisen, oder auf eine heiße Nacht zu vertrösten. Diese enttäuschenden Missverständnisse, für unsere erwartungsvollen Damen und für seine eigene Leistungskraft der Liebeskunst, kann man sich ausmalen.

Wieder einmal zeigt sich: *„Utopika, bitte nicht ankommen!"*

Ähnlich Probleme haben unsere italienischen Männer, seit die Italienerinnen sich merklich emanzipiert haben. Früher durfte sich der Italiener feurig benehmen, weil er sich als Mann verpflichtet glaubte. Das Risiko war sehr gering, „zu müssen", denn sie wies ihn oft ab.

Heute lautet die Grundregel des männlichen Erosgehabe: „Wenn ich nach kurzer Zeit des Flirtens nicht sofort mit ihr allein bin und sie nicht anfasse, glaubt sie, ich sei ein Homosexueller."

Und weiter: „Alle Frauen sind Huren, nur meine Mama nicht." Nur die italienischen Damen sehen das heute wesentlich aufgeschlossener.

Auch *Liebe auf den ersten Blick* kann zu einem Irrtum führen. Die Zeit, die man einem Fremden direkt in die Augen blicken darf, sollte sehr kurz sein. Wird sie auch nur um Sekunden verlängert, kann das zu unterschiedlichen Resultaten führen. Einerseits bricht man sofort den Blickkontakt ab und wird dadurch unnahbar. Anderseits kann das dem Schüchternsten zur Annahme verführen, diese Person bringt mir besondere Sympathie entgegen und die Situation bietet daher besondere Erfolgsaussichten und Chancen zur Liebe. Liebe auf den ersten Blick kennt keine feste Spielregel. Sie sind immer anders. Ein eigenes Rezept ist leicht umzusetzen. Man nehme zum Trotz an, dass das eigene Benehmen und Verhalten unter allen Umständen richtig und normal ist. Damit wird alles Andere in derselben Situation verrückt, oder zumindest als nicht normal empfunden.

5. Kapitel

Hubbelrath

„Hubbelrath, wo liegt den dieses verrückte Hubbelrath?",
fluchte Joachim mit Blick auf sein Navi. Der Regen und der
Wind ließen die Frontwischer erlahmen. Der Heckwischer
hatte bereits seinen Geist aufgegeben. „Das soll ein Luxusge-
ländewagen mit Allradantrieb für anspruchsvolle Fahrer
sein? Gut, das es nur ein Leihwagen ist."

Und so jagt er mit quietschen Reifen über den As-
phalt der Kreisstraßen zwischen Düsseldorf und Mettmann.
Nach Tagen des Orkans Kyrill und unter Herannahen eines
aufziehenden Gewitters, mit hohen Stürmstärken, kannte er
nur ein Ziel. Durchkämpfen bis Hubbelrath. Manchmal waren sogar die Straßen unbefahrbar, der umgestürzten Bäume
wegen, die kreuz und quer die Straße blockierten. Dann fuhr
er schlingernd über Felder und Wiesen, reißt Grasbüschel aus
und wühlt sich wieder zurück auf die Straße.

„Diese verdammte Paula, schickt mich nach Hubbelrath", fluchte Joachim wie ein Kesselflicker. Das Navi zeigt
zum erstenmal >>*Hubbelrath rechts abbiegen*<<.
Er überquert eine Brücke und erste schemenhafte Umrisse
von Bauernhöfen tauchten auf. Dann wird er von einer Ei-
senbahnschranke aufgehalten. Es dauert eine Ewigkeit, bis
der Schwanz des Güterwagenzuges vorbeidonnert.

„Wie soll ich mir nur die Dame vorstellen, die Paula
auf Astro wissenschaftlicher Basis errechnet hat?", grübelte
Joachim Fingernägel kauend. „Auf der Bewerbungs-CD sah
alles sehr sportlich, aber nicht sehr erotisch aus. Die Dame

90

entspricht eigentlich nicht meinem Beuteschema", sprach er sich Mut zu.

„Diese verflixte Höllenfahrt nach Hubbelrath macht mich irre und lässt alle Träume und Hoffnungen platzen. Und was ist, wenn ich das Gehöft nicht finde?" Da, an der nächsten Tankstelle hoffte er etwas über seinen weiteren Weg zu erfahren.

„Welche Frau Großenkötter meinen sie denn?", wollte der Tankstellenbesitzer wissen. „Die Frieda wohnt direkt hinter dem Feuerwehrhaus. Aber Roberta, die wohnt am Ende des Dorfes, direkt hinter dem zweiten Wäldchen rechts, auf dem Gehöft ihrer Eltern. Uralter Bauernadel, in der vierten Generation. Aber am besten ist, sie fahren zuerst am Trainingsplatz vorbei."

„Trainingsplatz, was für ein Trainingsplatz, muss ich erst meine Sportlichkeit beweisen?", dachte Joachim und verfluchte Paula. Aber nach dem geschäftlichen Debakel - Vermittlung an Claudia - hatte Paula doch Bedenken gegenüber Joachim und Gnade vor Recht walten lassen. Mit Claudia hatte sie klare und eindeutige Arbeitsgespräche geführt. Was Joachim jedoch nicht wusste, ihm wurden im zweiten Vermittlungsgespräch nur B-Kandidatinnen vorgestellt. Und Roberta war B-Kandidatin. Warum Joachim Roberta trotzdem begehrenswert fand, wussten nicht einmal die Sterne, vom Partnerschaftshoroskop ganz zu schweigen.

Jedoch Paula kannte aus vielen Vermittlungen unerfüllbare, unmögliche, utopische Wünsche ihrer männlichen, aber auch weiblichen Klienten. Gescheiterte Verbindungen, Partnerschaften und hoffnungsvolle, jedoch zum Scheitern verurteilte Ehen sind oft Synthesen von Unmöglichkeiten, sind Nährboden ihres Office. Liebesmythos, soziale Utopien mit Ungerechtigkeiten, Missstände, welcher Art auch immer

- im privaten Leben von Liebenden äußern sich immer Hoffnungen und Erwartungen. Auf Hoffnungen und Erwartungen folgen meist Enttäuschungen, Täuschungen. Oft spricht und lebt das Liebespaar den Mitmenschen ihre Ideale gekonnt vor. Seine Verzweifelung ist oft Hinweis auf die ganze Misere. Liebe kann Paradies für Zwei miteinander sein, aber auf dem Weg zur Hölle bleibt einer zurück „......... *Utopika, bitte nicht ankommen!*"

Der Tankwart erklärte weiter: „Hinter der zweiten Brücke rechts abbiegen, dann folgen sie dem kleinen Bach bis zum Fichtenwäldchen."

„Diese verdammte Paula", fluchte Joachim und griff zum Handy um Paula anzurufen. Vergebens, besetzt, wie immer wenn man Frauen anruft. Ist der Papst gestorben, oder die Weltbörse zusammengebrochen? Frauen wissen es sofort!

Der Tankwart heiterte ihn auf und fragte mit Bauernschläue nach, „...... ob er auch auf Brautschau sei? Denn noch jeder hat hier nach den Großenkötters gefragt. Und glauben sie mir, dass jeder neuer Kessel besser ist als ein alter Ofen."

„Diese Paula", dachte Joachim, „erst die vielen Brillen und nun Roberta. Wieso alter Ofen? Auf dem Bewerbungsvideo sah sie doch sehr sportlich und sehr verführerisch aus."

Sein klingelndes Handy unterbrach seine Wut. „Hier ist Paula, was kann ich für dich tun?" Bevor Joachim erklären wollte sagte sie bereits: „Du musst zum Gehöft der Großenkötters fahren, zu Roberta, der jüngeren Tochter der Großenkötters, der Military-Reiterin. Die Sippe erwartet dich bereits. Beeil dich also. Ich wünsche dir einen schönen Abend." Sie beendete das Gespräch, bevor Joachim nachfragen konnte.

„Roberta, welch ein Name, Robert, Roberta, Roboter, mein durchlöchertes Trommelfell hört höchste Töne von Sinnlichkeit und Erotik. Der Name klingt wie Bienengesumm in meinen Ohren", versuchte Joachim positiv die Horrorfahrt durchs Mettmanner Hinterland fortzusetzen.

„Und da ist noch diese Sippe. Was wollen die denn von mir", dachte Joachim entsetzt. „Soll ich umkehren?" Seine Gedanken schmiedeten die ersten Fluchtpläne, als er von einem kreischenden durchtränkten Knall, der vom vorderen rechten Kotflügel kam, hellwach wurde. Ein zuckendes, brüllendes, im Todeskampf schreiendes Reh lag Blut überströmt im Straßengraben. „Oh Gott, was soll ich nur tun?" Bevor er seine Sinne ordnete, hielt ein uralter Jeep an und ein noch älteres vermummtes Wesen mit Gummistiefel, Parker, Friesennerz und Schlapphut fragte in Plattdeutsch nach: „Bist du Joachim? Ich bin Franz, der Knecht der Großenkötters und soll dich die letzten drei Kilometer durch diese verdammte Einsamkeit leiten, so hat es mir Roberta aufgetragen."

„Ääääähää, ja, ja ich bin Joachim." „Das Reh nehme ich mit", erwiderte Franz und hievte gekonnt das erlegte Wild in seinem Jeep. Sein Jagdhund Benno winselte freudestrahlend.

Nach scheinbar endlosen Kilometer über Wirtschaftsstraßen und Feldwege bog der vorausfahrende Jeep in eine große, durch Buchen gesäumte Allee, in den Gutshof Großenkötter ein. Das in westfälischer Bauart erstellte Bauernhaupthaus, mit aufwändig gefertigter Fassade erleuchtete im Glanz der Spotstrahler. Die übergreifenden, eng anliegenden Nebengebäude mit Scheune und Stellplätzen für Traktoren und Mähdrescher wirkten friedlich, beruhigt und sicher auf Joachim und wurde nur durch das drohende Gebell von Zwingerhunden unterbrochen. Gekonnt und selbstsicher sprang Joachim aus seinem mit Schlamm überdeckten Leihwagen. Die Scheibenwischer quietschten auf der von Dreck beschmierten Frontscheibe. Der Heckwischer hatte bereits seinen Dienst aufgegeben. Der rechte Kotflügel hatte Wok Ausmaße angenommen und glich einer verformten chinesischen Rührpfanne.

„Gut, dass ich die Vollkaskoversicherung gewählt habe", triumphierte Joachim.

„Hallo, ich bin Maria, die Magd des Hauses und soll sie in die Wohnküche führen", begrüßte ihn eine pausbackige, rundliche, nein ein Nappoförmiges dralles fünfzigjähriges weibliches Wesen, aber doch irgendwie sympathisches. Wie ein Empfangsengel stand sie vor dem großen Rundbogen, des mit reichlichen verzierten Schnitzereien wehrhaftem Eingangstor. Die Eingangstür verlor vor solcher Größe an Bedeutung. Das Rahmengerüst der Fachwerkfassade war mit westfälischem Klinkermauerwerk ausgefüllt. Rechts und links waren große, der Symmetrie folgend, in Blei verglaste Fenster mit Butzenscheiben eingebaut.

Gesäumt wurde das gewaltige Eingangstor von alten Milchkannen und riesigen Trögen, die liebevoll mit Blumen und Kräutern bepflanzt waren. Die herausragenden Balkenköpfe waren mit abwehrenden Dämonenfiguren verziert. Als Begrüßungsspruch prunkte am Torbogen in verschnörkelter goldgelber unterlegter Schrift: „Gott schütze alle, die hier ein und aus gehen." Aufgrund des Architekturstudiums kannte Joachim noch die allgemeinen Unterscheidungen nach Wandbau, in Naturstein, sehr oft vorzufinden im Mittelmeerraum, aber auch bei uns in Westeuropa. Er kannte auch die in Nordosteuropa, die in den Karpaten bis hin in den deutschen Alpen bevorzugte Bauweise, als Blockhaus aus liegenden, geschichteten Holzstämmen. An Eleganz kam nur das

Schwarzwaldbauernhaus annähernd an diese westfälische Bauart heran.

„Kommen sie", sagte Maria und ging schnellen Schrittes durch einen großen Vorraum mit Mitteldiele und seitlichen leeren Ställen bis sie die Großküche erreichten. Die Einrichtung wirkte trüb und entmutigt auf Joachim.

Die komplette Sippe, bestehend aus Großvater, Großbauer und Hausherr mit Frau Hanna, Junggeselle Johann - Bruder vom Großbauer - und Liesel, die ältere Schwester von Roberta, erwarteten Joachim. Und natürlich Roberta.

Die Luft in der Wohnküche steht fettig, wie in einer Pommesbude. Voller Neugier und hoffnungsvoller Unruhe. Das Licht der rustikalen Deckenlampe erhöhte die Spannung. Links im großen Ohrensessel sitzt der Opa. Hanna, die Hausfrau reicht ihm die Tablettendose. „Hier, nimm", sagt sie liebevoll, „die musst du noch nehmen."

„Schon wieder", seufzt er und verdreht dabei die Augen sehr langsam, als könne er vergessen, warum er das solle. Er hatte sich angewöhnt, unzufrieden damit zu sein, wie in letzter Zeit die Dinge laufen. Und heute ist wieder so ein Tag. Tritt jetzt der Ersehnte - Joachim - Erhoffte über die Schwelle? Oder wer ist das? Auch Roberta ist aufgeregt. Nervös zupfte sie ihr Haar. „Bin ich schön genug und sexy?", dachte sie wie jede Frau, nicht nur vor der ersten Begegnung, sondern auch im wiederkehrenden Rhythmus ihres Lebens. Fast jede Frau trägt dieses fragende Gen in sich. Ein innerer Juror mit scharfen Blick und spitzer Zunge, der ihr jeden Morgen im Spiegel zutröstet: „Du bist die Schönste im Lande. Dein Busen ist zwar zu klein, manchmal auch zu groß, deine Hüften zu breit, aber zum Gebären geeignet, deine

Oberarme zu faltig, zu kräftig, um Werkzeuge der Liebe zu sein. Und oft gleicht die ganze Figur einer Nappoform."

So ähnlich. 10.0000 Behandlungen gegen Falten, 400.000 plastische Operationen mit Vergrößern, Verkleinern des Busens und Fettabsaugen bei Reiterhosen beleben das Geschäft, „Unterstützung weiblicher Komplexe". Vielleicht auch bald Gehirnabsaugen? Dumm ist nur, je mehr man am eigenen Körper doktert, desto mehr leidet der Sex, leidet das gesamte (Liebes-) Leben.

Das gilt auch für Männer. Was ein Mann an einer Frau sexy findet ist sehr tief in seinem erotischen *Ich* verborgen und hat sich ausgeprägt im Laufe seiner Entwicklung von Kindheit zur Jugend, zum Manne und zurück. Für den einen ist es ihr Gang und Po. Für den anderen kann es der freigelegte Nacken durch das Haar sein, das gekonnt als Pferdeschwanz gebunden ist. Oder die kleinen Lachfältchen. Oder, oder, oder ....!

Der Faktor, der Begehren auslöst entzündet sich bei jedem Mann an ein anders Detail. Und sogar, wenn viele auf dasselbe reagieren, haben sie verschiedene Sexvorlieben und Assoziationen. Der eine denkt bei großem Busen, „billig und nuttig", der andere, an grapschen, rasch und gierig zugreifen, drück mich, „ich sag dir was pornografisches", und der nächste, „an deinem Busen möchte ich laben und ruhen."

„Wer schön sein will, muss lieben! Auch sich selbst!", philosophiert Joachim, als er der gesamten Sippe Großenkötter gegenüberstand. Nur über Roberta dachte er anders. Der Großbauer ließ nur eine kurze Begrüßung zu. Im Hintergrund der Wohnküche rief der Opa: „Ist das der Vertreter der Raiffeisen-Bank. Wir brauchen keinen Kredit. Wir Großenkötters haben noch nie einen Kredit benötigt. Und

Land für die neue Umgehungsstraße verkaufen wir auch nicht. Was will der Kerl hier?"

„Opa, mach dir keine Sorgen", erwiderte Hanna, die Frau des Großbauern. „Oder ist es der Notar? Ich unterschreibe nichts. Der Hof gehört immer noch mir. Und solange ich lebe, bleibt das so. Verstanden!" „Ja, ja, beruhige dich doch", sagte der Großbauer leicht genervt. In knappen Sätzen sprach er weiter und meinte: „Joachim, lass uns ins Herrenzimmer gehen, da können wir ungestört reden."

Er holte Kornflasche und zwei Schnapsgläser aus der Vitrine, setzte sich in den großen Ohrensessel am Kamin, auch bereits in vierter Generation. Nur Stammbaum und Jagdtrophäen an den Wänden wurden Zeugen. Und er begann zu erzählen: „Leider habe ich keinen Sohn als Nachfolger. Mein Bruder Johann ist homosexuell und noch immer Junggeselle. Meine älteste Tochter ist Psychologin oder ähnliches und fährt Taxi. Robert......, äääh, Roberta meine ganze Hoffnung und mein ganzer Stolz ist im Profisport als Military-Reiterin sehr erfolgreich. Ich sehe keine Nachkommen für uns Großenkötters, sehe keine Zukunft für unsere vierte Generation, der ich vorstehe. Und mein Vater, störrisch wie ein Esel, macht mir Schwierigkeiten bei der Übergabe des Hofes. Er ist bereits fünfundneunzig und will das Zepter nicht abgeben."

„Oh Gott", dachte Joachim und verfluchte Paula zum x-ten Mal. „Wie komme ich aus dieser Nummer raus?"

„Ich weiß, dass du über eine Agentur zu Roberta gefunden hast. Paula, die Chefin, versprach mir hohe Erfolgsquoten. Du bist bereits der Vierte. Warum es bisher nicht klappte, weiß ich auch nicht. Doch nicht nur mein Gefühl, sondern auch mein Horoskop, ich bin Fisch und mein Lebensmotto, ich glaube und fühle die Verbundenheit zu allen Menschen, sagt mir Positives voraus."

„Oh Gott, diese Horoskope", dachte Joachim. Aber vor lauter Aufregung kannte er nicht mehr das Sternzeichen von Roberta. Skorpion, eigentlich sehr passend zum Krebs. Gleiches Element, das Wasser.

„Wir Großenkötters besitzen Ländereien und Wälder mit eigener Forstwirtschaft. Am Südrand des Anwesens liegen Landstriche, die im Bebauungsplan des Kreises Mettmanns als Bauland ausgewiesen sind. Und die Umgehungsstraße soll direkt über mein Weideland führen", erzählte er voller Stolz und mit Hinweis auf fette Finanzpolster. Und ergänzte, bevor Joachim vor Staunen dazu etwas sagen konnte. „Ich bin für Fortschritt und unterstütze alle Pläne der Kreisverwaltung. Nur mein Vater, dieser Sturkopf, ist dagegen. Er liebt seine Landwirtschaft über alles. Wandel hat er nie kennen gelernt. Ich aber muss so handeln, damit alles erhalten bleibt." Stille durchdrang das Herrenzimmer. Nach einer Weile fragt er: „Aber wer gibt mir Zukunft?"

Plötzlich trat Roberta ins Zimmer. „Papa, ich möchte mit Joachim sprechen. Lass uns bitte alleine! Ja?"
„Ja!"
Er stand auf und ging schweren Schrittes hinaus.

Roberta

Joachim setzt sich wieder links ans Fenster mit Blick auf die Rheinuferpromenade, auf den Rhein, den erleuchteten Fernsehturm mit Sekunden genauer Uhrzeit. Ja, das Marcel`s Cafe-Restaurant ist ihm vertraut. Seine letzten Worte an Roberta waren: „Wir treffen uns im Marcel`s."

Trotz Dämmerung erkennt er die Pegeluhr und im Hintergrund den Schlossturm. Der Panoramablick, vom Fensterplatz aus betrachtet, wird romantisch aufgewertet durch den schiefen, in sich verdrehten Turm der Lambertuskirche. Oberkassel, die gegenüberliegende Rheinseite liegt bereits im Dunkeln. Im Schein der Laternen erkennt er noch schemenhaft die schmucken Altbaufassaden mit ausladenden, breit gebauten weitschweifigem Erker. Düsseldorf ist hier besonders schön. Auch im Herbst.

Joachim schaut hektisch nervös auf seine Taschenuhr. Er musste nicht lange warten. Und pünktlich um halb Acht betrat Roberta, eine Sporttasche in der Hand, das Marcel`s Cafe-Restaurant.

„Hallo, musstest du lange warten?", begrüßte sie Joachim mit Kühle und Distanz. Sie trug eng anliegende Jeans aus grünem, rauem Leder, eingepackt in schwarze Reiterstiefel. Das weiße T-Shirt mit goldenen Applikationen, Verzierungen aus Pferdeköpfen, war tief ausgeschnitten und unterstrich ihre sportliche Figur. „Nur die Pferdejacke kleidet sie nicht vorteilhaft, sie sieht aus wie eine abgewetzte Pferdedecke", dachte Joachim. Robert begrüßte, charmant wie immer, Roberta und geleitet sie an den Tisch. Nach kurzer Zeit reichte er ihnen die Abendkarte. Bevor Joachim wählte, sagte sie mit strahlendem Lächeln: „Ich lade dich ein." Ihre Raubtierzähne leuchteten. Höflichst bedankte sich Joachim.

Das Lokal ist halbvoll. Links von ihnen ein junges Liebespaar. Er im Jeansjackett, schwadronierend und gestikulierend. Sie blond und reglos.

„Siehst du nicht, wie der eitle Pfau neben uns das arme Mädchen nervt und langweilt?", sagte sie zu Joachim.

Am Nachbartisch sitzt ein braun gebrannter Siebzig- oder vielleicht auch Achtzigjähriger, Typ Psychologieprofessor und redet ununterbrochen mit seiner Tochter über revolutionäre Lebensphilosophien. Nein es muss seine Geliebte sein. Typ Rachegöttin, - Lederjäckchen, Gucci-Tasche, Rollex-Uhr, Schlauchbootlippen, Silikonbrüste - die sich für einen Seitensprung ihres Mannes mit einer Intrige revanchiert, für die sie sich wiederum der Hilfe ihres Professors bedient, den ihr Mann als Freund im Bridge-Club sehr schätzt.

„Stimmt es vielleicht doch, dass sich der in der Scheinwelt durchsetzt, der immer nach Höchstleistungen strebt?", dachte Joachim. Und weiter: „Ist er etwa als alter Sack schon ein Revoluzzer, nur weil er seinen Rüssel nicht unter Kontrolle hat? Ist er nicht mehr ganz richtig im Kopf? Mit über siebzig! Na und? Für ihn geht es um nichts als um sein Leben, sich selbst, um eigenen Vorteil und um Befriedigung seines Egotrips."

Roberta hatte das Menü zusammengestellt. Sie aßen und tranken. Ein Genuss.

„Weißt du, ich fand unsere erste Begegnung, bei meinen Eltern sehr nett. Und auch Maria, unsere Magd, träumt von dir", lockerte Roberta das Gespräch. „Alle fanden dich sehr sympathisch." „Ääääh, ich .... ich fand deine Großfamilie auch sehr nett und sympathisch", erwiderte Joachim. „Vor allem das Gehöft", ergänzte er höflich. „Und was ist

100

mit deiner Reiterei. Dein Vater erzählte mir kurz, dass du eine erfolgreiche Military-Reiterin bist."

Sie strahlte auf und Joachim erkannte für einen kurzen Augenblick Schönheit in ihrem markanten Gesicht.

Zwei noch fremde Augenpaare, ein kurzer tiefer Blick. Liebesglück vorbei. Enteilt. So hatte er es oft in der Straßenbahn erlebt. „Und nun enteilt mir nichts", dachte Joachim und hielt Robertas Blicken stand.

„Bei mir geht Liebesglück immer durch den Kopf", philosophierte Joachim weiter. „Frauen, die ich nicht bewundern kann, konnte ich nie richtig lieben", erinnerte er sich an viele flüchtige Bekanntschaften. Aber bei Roberta, Military-Reiterin, war es Bewunderung auf den ersten Blick. Sollte das die große Liebe seines Lebens sein?

„Warum nicht? Es hängt doch alles von allem ab. Vielleicht sollte er doch, vielleicht auch nicht", erinnerte er sich an das Gespräch mit dem Großbauer. „Was ich mir oft vorgestellt habe, erfüllte sich nicht immer. Was ich wollte, bekam ich oft nicht. Ich bekomme nun etwas Besseres", frohlockte Joachim. Sie unterhielten sich prächtig. Es schien, als hätten sie die gleichen Interessen.

Joachim fiel auf, dass sie versunken und immer nachdenklicher wurde. Dann bemerkte er plötzlich, dass sie ihn ein bisschen viel ausfragte. Über seine Vergangenheit. Über seine Erfahrungen mit Frauen. Über seine politischen Ansichten. Und überhaupt, über seinen beruflichen und finanziellem Zustand.

„Das geht mir zu weit", dachte er und lenkte das Gespräch in andere Bahnen. „Du liebst deine Pferde? Und was ist dein Sternzeichen?" „Als Jungfrau analysiere ich Natur und Umwelt. Es reicht also nicht Pferde zu lieben, man muss auch versuchen, sie in ihrem Wesen zu verstehen, ohne sie zu vermenschlichen", nahm Roberta dankend das Thema an.

„Wenn das Wetter es zulässt, dann reite ich am nächsten Wochenende beim Herbstabschluss-Turnier in der Vielseitigkeitsprüfung, auch Military genannt, mit."

„Und welche Prüfungen muss du ablegen?", wollte Joachim wissen.

„Wie der Name bereits verrät, besteht die Vielseitigkeitsprüfung oder Military, als die umfassendste olympische Disziplin im Reitsport aus einer Dressuraufgabe, einem Geländeritt und einem Springparcours", erklärte Roberta. Sie ist für Pferd, wie für Reiter die anstrengendste Disziplin und erfordert von *Uns* gleichzeitig verschiedenste Fähigkeiten", erzählte sie weiter.

„Du musst einfach zu schauen, wie Spannung, Aufregung aber auch Eleganz, Pracht, Ordnung, Muße und Wonne zusammenfließen. Allein schon die Querfeldeinhindernisse in unterschiedlicher Form und Schwierigkeit verlangen Eigenschaften, die nicht leicht in einem Pferd zu vereinen sind."

„Und was ist *Euer* schwierigstes Hindernis?"

„Der Trakehner Graben und das für Pferde imposante und respekteinflößendes Hindernis, Bullfinch. Auch Stufen und Wälle verlangen rhythmisches und schwungvolles Reiten."

„Was für ein aufregender Sport und Roberta mittendrin", dachte er voller Stolz, als er gefühlvoll ihre Hand leicht streichelte. Gefühle keimten. Aber was sind denn Gefühle? Jeder kennt Gefühle, keiner beherrscht sie. Wer sie beherrscht, verarmt an Leib und Seele. Für viele ist Gefühl störend. Wenn es heute überhaupt noch Gefühle gibt, so sind sie triebhaft, nicht empfindsam. Die Gefühlssprache hat sich

102

seit den achtziger Jahren sehr verändert. Der Begriff „Beziehungskiste" deutet technische Aspekte der Liebe an. Über Autos, Obst und Gemüse lässt sich einfach leichter reden, als über Beziehungen, Gefühle und Liebe. Nicht mehr der Sex ist unschicklich, sondern der Gefühlvolle, der Empfindsame.

Aber aus welchen Positionen sollen dann Sehnsucht, Hoffnung und Begehren getragen werden, um Licht im Tunnel der Leidenschaft zu sehen? Mit dieser Frage kam Joachim auch nicht zurecht. Wie beim Sex, so vermutet er auch hier, dass nur wenige Gefühle beherrschen. Oder sind es doch nur die Frauen?

„Ein Mann ist nicht deshalb feminisiert, weil er in Gefühle investiert", erinnerte sich Joachim an sein Psychologiestudium und weiter, „..... wie kann man Gefühle ausdrücken, ohne einerseits die Realität der Gewaltverhältnisse zwischen Mann und Frau und anderseits (Un-) Glücksversprechen der Gefühle, der Liebe und ihre Konsequenzen auszublenden?" Oft ist die Opferung der Gefühle und des Liebesbegehrens mit Aufgabe und Opferung der Frau verbunden, weil die Frau Gefühle und Liebe verkörpert.

„Als ich jünger war", dachte Joachim, ... „habe ich oft gegen Gefühle und Liebe so gut gekämpft, dass man (Frau) es nicht merkte. Nur nachts hatten sie Auferstehung in bizarren Formen. Als ich darüber sprechen wollte, wurde ich sprachlos. Deshalb entfernte ich mich so weit wie möglich (nötig) und versuchte neue (Un-) Glückswege zu finden. Was Frauen denken und fühlen, deuten sie mit ihrem Körper an", philosophierte Joachim weiter und hielt dabei Robertas Hand noch zärtlicher als vorher *„Utopika, bitte (nicht) ankommen!"*
Es ist kurz nach Zehn, als sie Marcel`s Cafe-Restaurant verlassen. Der Abend, der sich um Roberta und Joachim legt, ist

rau. Sie setzen sich auf eine freie Bank, an der Rheinpromenade.

„Es ist 22 Uhr 27 Minuten", sagt Joachim voller Stolz mit Blick auf den Fernsehturm.

„Woran erkennst du das?", wollte Roberta wissen. „Bei den vielen beweglichen Lichtpunkten kann ich kein System erkennen."

„Also", begann er voller Stolz zu erklären. „Siehst du oberhalb des roten Ringes, die zwei weißen Leuchtpunkte?"
„Ja!"
„Diese zwei Punkte bedeuten, dass es bereits nach 20 Uhr ist. Diese Punkte unterhalb des roten Ringes zeigen die vollen Stunden nach 20 Uhr an. Die unteren laufenden Lichtpunkte zählen bis Zehn und erhöhen dann die Anzahl Lichtpunkt oberhalb der nächsten Anzeigestufe. Bei sechs mal zehn Leuchtpunkte ist die nächste Minute erreicht und ein Lichtpunkt der höheren Anzeigestufe wird aktiviert. Bei Erreichen einer Dekade zehn, zwanzig, dreißig, vierzig, fünfzig und sechzig wird eine Stufe höher die volle Dekade angezeigt."

„Toll, jetzt erkenne ich auch die zwei Lichtpunkte für die Dekade, für volle 20 Minuten. Und jetzt auch die darüber leuchtende Punkte für 7 Minuten."

Er hätte sie den ganzen Abend festhalten können. Wie schön sportlich ihre Figur ist und ausdrucksvoll ihr Gesicht. Er küsste immer wieder ihre Wangen, jedes Fältchen und jede Pore. Er wollte ihr sagen, „dass er sie begehre." Doch diesen Satz wollte er lieber für eine noch bessere Gelegenheit aufsparen, wenn sie liebevoll zuhört und sein Begehren bejahe. Als wenn sie seine Gedanken verstanden hätte, küsste sie ihn zärtlich auf den Mund. Und ganz langsam erschien ein verführerisches Lächeln auf ihrem Gesicht. Seine Lippen wanderten weiter über ihre Ohrläppchen, hin zum

104

Hals und weiter bis zum Busen. Ihre Körper knisterten und brannten. Sie drückten sich fest und ließen sich langsam und genüsslich auf die Bank sinken. Für Roberta war das eine Wiederentdeckung, berauschend in ungewohnter Situation. Selig vor Erschöpfung lagen sie aufeinander.

Im nächsten Moment ließ ein bellender Hund sie beide herumfahren. Joachim nahm Robertas Hand und er begleitete sie bis zum Parkplatz. Sie fand keinen Schlaf in dieser Nacht, die schlimmste ihres Lebens. Denn es war ihr klar, dass Joachim ....!

Das Turnier

„Das ist Max, mein treuer Gefährte, intelligent, folgsam, treu und eifrig erprobt in vielen schönen, gemeinsamen Stunden", so stellte Roberta, Joachim, ihren Max, den schwarzen Hengst, vor.

Dabei drehten seine Ohren in Richtung Joachim, der nicht grundlos Abstand hielt. In der Boxengasse war es sehr eng. Max stand entspannt mit hoch und locker gehaltenem Kopf, den Blick auf Joachim gerichtet, den Hals aufrecht und entspannt.

„Sehr gut", nickte Roberta, als sie Max Zaunzeug und den Sattel anlegte. Zum Schutz der Beine legte sie Bandagen und Streichgamaschen an. Max wurde unruhig, als Roberta den Gurt beim Aufsatteln straffte. Die Trense, „hartes Gebiss", glich Roberta mit Sanftheit ihrer Hände aus. Die Länge der Zügel wurde angepasst.

„Ich selbst ziehe geflochtene und eher breite Zügel vor, da ich dann eine sichere und weichere Verbindung spüre. Bei besonders lebhaften und wilden, ungestümen Milita-

105

rypferden ist es verständlich, wenn ihre Reiter im Turnier die Kandare oder die besonders für starke und kraftvollen Pferde geeignete „Aufziehbremse" verwenden", erklärte sie und zeigte dabei auf die Nachbarbox, wo Wotan aufgeregt seine Nasenlöcher aufblähte.

Für Joachim sah alles gleich aus und er war froh, als es aus der engen Boxengasse hinaus ins Freie ging. Ein Kommen und Gehen beherrschte die Szenerie. Bierstand, Büfett mit Auslagen kalter Speisen und selbstgebackenen Kuchen, Grillecke rundeten den Bereich für „Essen und Trinken" ab. In der nahegelegenen Kinderhüpfburg wurden bereits die ersten Artisten verarztet.

„Startnummer Achtundzwanzig, bitte fertig machen zum Geländeritt", schallte es aus mächtigen Boxen über den Turnierplatz. Roberta klatschte Max noch einmal liebevoll am Hals und zupfte dabei an ihrem Pferdeschwanz.

„Auf geht's, Max", hauchte sie ihn ins linke Ohr. „Wir haben das Dressurreiten gut gemeistert, bis auf die Galopp-Pirouette."

Max richtete sich auf. Sie richtete sich nach vorn. Ihr Oberkörper ist aufrecht und ihr Rücken in natürlicher lockerer und ohne zu verkrampfen leicht nach vorne gekippt. Sie spürte dabei ihren Hemdkragen und wusste, dass Sitz und Haltung perfekt sind. Mut und Bereitschaft zur Kooperation strahlten Max und Roberta aus, als der Startrichter das Zeichen gab.

Joachim hatte sich bereits zum Trakehner Graben begeben. „Er gehört zu den schwierigsten Querfeldeinhindernisse", hatte Roberta erzählt. Und genau hier passierten auch die meisten Fehler. Joachim konnte nur schlecht Stürze von Pferd und Reiter ertragen. Ein fachkundiger Pferdefreund erklärte ihn: „Viele Reiter unterschätzen den Sprung,

106

weil sie bei Besichtigung oft nicht richtig die Klasse ihres Pferdes und beim heran reiten nicht die optimale Linie anreiten, die ehesten seinem Niveau, seinen Vorzügen entspricht."

Aus dem Wäldchen tauchten Max und Roberta auf. Auch für Joachim war Einheit, Harmonie und Stärke zu erkennen. Mit energischem Anreiten, aber nicht im zu langen Galopp, trieb sie Max auf den aus einem über einen Graben befestigten Balken zu, damit er genügend Zeit hat, um das Hindernis richtig einzuschätzen. Joachim schloss die Augen. Ein Raunen ging durch die Zuschauer. Sein Blick erhaschte nur noch Max`s Schweif und Robertas Pferdeschwanz.

„Wenn sie jetzt noch den Bullfinch packt, dann liegt sie weit vorne", holte der Nachbar Joachim zurück.

Sie eilten die Zielgerade, dem letzten Hindernis zu. Für alle Pferde ein imposantes und respekteinflößendes Hindernis, das viele verweigern, weil sie nicht über die Hecke sehen können. Einige versuchen über die zwei Meter - und noch höher - in seiner ganzen Höhe zu überspringen, anstatt durch die Hecke zu springen.

Und genau mit diesem Fehler, den Max öfter macht, verlor Roberta die Führung. Der mit kraftvollen Galoppsprüngen gerittene Anlauf wird jäh gebremst. Roberta verliert Körperspannung bleibt zu tief im Sattel und gibt Max nicht genug Halsfreiheit. Diesen Fehler, den sie beide schon lange machen, beherrschen sie leider perfekt. Sie verlieren viel Zeit und fallen in der Gesamtwertung auf Platz Vier zurück. Vor der abschließenden Springprüfung musste Roberta, nach dem Geländeritt, natürlich wieder die für das Springen so wichtigen Eigenschaften von Max, Disziplin, Gehorsam, Wille und Präzision, herstellen. Nach einer kurzen Zeit der Verschnaufphase begann für Beide auf dem Vorbereitungsplatz die Lösungsphase mit entsprechenden Übungen. Danach ein paar kurz bewusst gewählte Sprünge um Max psychisch und technisch auf den folgenden Springparcours vorzubereiten.

„Startnummer Achtundzwanzig, bitte fertig machen zum Springen", schallte es wieder aus mächtigen Boxen über den Turnierplatz. Rituale wiederholten sich. Roberta klatschte Max noch einmal liebevoll am Hals und zupfte dabei an ihren Pferdeschwanz. „Auf geht's, Max", hauchte sie ihn ins linke Ohr. „Heute gewinnen wir."

Mit großer Leichtigkeit wurden die ersten Hindernisse übersprungen. Enge Wendungen mit Übergang in den fliegenden Galopp beherrschte Max ausgezeichnet. Länge der Galoppsprünge vor und nach jedem Hindernis stimmte.

Dann tauchte die Mauer, der Steilsprung auf. Wie immer sollte Roberta nicht den Absprung suchen, sondern Max treibend zum Hindernis führen, einfach auf ihn zukommen lassen. Doch es kam anders. Robertas Vater erkannte den Fehler im Ansatz und schrie ihr zu: „Nein, nicht wieder den gleichen Fehler." Joachim stockte der Atem.

„Sie hat zulange nach dem Absprung gesucht und dann mit Hilfe grober und schmerzhafter Mittel, wie heftiges Ziehen am Zügel, um Tempo zurückzunehmen, um dann mit Sporenstiche Max zum Sprung anzutreiben. Wie immer, leider ein Fehler", fluchte Robertas Vater.

Der Hengst verlor das Vertrauen und stürzte mit Roberta in die Mauer. Ein Tierarzt nahm Max unter seine Fittiche. Roberta wurde im Krankenwagen vom Turnierplatz gefahren. Aufgeregt zerrte ihr Vater Joachim zum Sanitätszelt.

„Entwarnung, keine Brüche, nur Prellungen und blaue Flecken. Ihre Tochter hat Glück gehabt, dass ihr nichts Schlimmes passiert ist", beruhigte der Arzt den Vater und Joachim.

108

„Wie geht es Max", waren die ersten Worte, als sie aus dem Trance erwachte und die Augen öffnete. „Er ist unverletzt und ist auf dem Abreitplatz unter guter Obhut", erwiderte der Tierarzt. „Papa, ich brauche jetzt Ruhe. Über meinen Fehler sprechen wir Morgen", sagte Roberta, bevor ihr Vater über Folgen der Fehler aus der Vielseitigkeitsprüfung analysieren wollte. Schweigend fuhren sie zurück.

„Komm Joachim, ich möchte jetzt mit dir allein sein." Der Vater ahnte, was sie mit ihren Worten anrichtete. In Sorge um seine Tochter stammelte der Grobauer nur: „Dann geht bitte ins Wohnzimmer, dort seit ihr auch alleine. Und Maria soll euch Essen und Getränke bringen. Doch Roberta nahm Joachims Hand. Schweigend gingen sie aus der Großküche hinaus, an Stallungen vorbei und betraten den Innenhof, der gegenüber dem Heuboden lag.

„Halte bitte die Leiter fest. Ich klettere voraus. Dann steigst du mir nach."

Sie kletterten über Strohballen, bis sie an einen Adler ähnlichen Nestgebildes gelangten. Bunte Decken und kuschelige Kissen gaben dem Lagerplatz eine anheimelnde, gemütliche Atmosphäre. Lange schauten sie sich in die Augen. Robertas Augen füllten sich mit Tränen. Leises Weinen durchdrang die Stille. Sie warf sich an seine Brust, klammerte sich an den erstarrten Joachim, herzte und küsste ihn atemlos und bekannte schluchzend:

„Dass du nur da bist, das macht mich schon sehr glücklich. Joachim schloss die Augen. Während ihn die Küsse Robertas wie ein Trommelfeuer durchlöcherten, dachte er verzweifelt, „jetzt bin ich geliefert."

Die Tragödie nahm ihren Lauf

Robert - der Mutige - war sein Geburtsname,
der Name, den die Eltern ihn gaben.
Dann kamen Gefühle und raubten seine Kindheit.
Transsexuelle Gefühle durchströmten
seinen Körper.
Nun heißt (er) sie Roberta, die Tapfere,
doch Robert ist verschollen,
seit dem siebzehnten Lebensjahr.

So ähnlich hatte Robertas Vater die Tragödie erklärt. „Bereits mit Vierzehn war Robert der Überzeugung im falschen Körper zu leben", so hatte der Großbauer es Joachim im vertraulichem Gespräch unter Männern erzählt. Und weiter erklärte er, dass Robert, bereits mit vierzehn, vom Zwang getrieben sei, seine körperliche Erscheinung und Geschlechtsorgane und soziale Position in die des anderen Geschlechts umzuwandeln. Er denke und fühle wie ein Mädchen und möchte Frau sein.

„Er ist nicht homosexuell", beruhigte sich Joachim, als Robertas Küsse versiegten. Das hatte ihr Vater ihm erklärt. Und weiter, dass sie (er) auch kein Interesse und Lust an sexuelle Betätigung findet. Mit psychologischer Betreuung und Hormonbehandlung sei alles in geordnete Bahnen verlaufen.

„Doch bei der Umgestaltung des Geschlechtsorgans, im Alter von dreiundzwanzig, seien zunächst keine befriedigenden Ergebnisse erzielt worden", erklärte der Vater weiter.

110

„Nach Entfernung der Hoden rastete sie (er) oftmals aus. Plötzlich war alles Strafe. Seine, nein ihre sexuelle Energie, die Suche nach Lustgewinn reduzierte sich täglich. Als Befriedigungsform wählten wir das Militaryreiten."

„Gott sei Dank, dass du alles verstehst", bekannte sie mit tiefer, heiserer Stimme.

„Schuldvorwürfe brauchst du nicht zu haben. Sehnsüchte darfst du gestehen", erwiderte Joachim als er Roberta fest drückte. „Tut mir leid, dass ich geweint habe", sagte sie leise.

„Wir fordern zu oft von unseren Genitalien perfekte Spontaneität und reduzieren die Vielfalt der Sexualität auf Erregung und Befriedigung. Ich bin doch kein Sexomat. Auch Worte können verführen", philosophierte er weiter.

So etwas habe ich noch nie erlebt. Er sah sie an. Er sah eine schöne Frau. Beide lächelten. Roberta fand ihn vom ersten Moment an vertrauenswürdig. „Ich bin eine Frau, die sehr vorsichtig sein muss."

„Vorsichtig? Wieso?" „Tja, wieso", und lächelte dabei. „Wie du von meinem Vater weißt, war ich nicht immer Roberta. Ich habe wirklich viel erlebt. Aufregende, komische, freudige aber auch sehr traurige Dinge. Ich habe immer gedacht, dass jemand kommt, der mich so mag", und drückte dabei Joachim fest. Versunken hielten sie inne.

„Ich wollte dir diese Geschichte schon die ganze Zeit erzählen. Ich habe nie den richtigen Moment gefunden." Dabei umklammerte sie Joachims Hand, als wolle sie ihn nie mehr loslassen. Joachim war schwer ums Herz, ein Gefühl, das er so nicht kannte. Alles um ihn herum drehte sich. „Diese verflixte Paula", dachte er. „Danke, dass du mir alles erzählt hast. Roberta machte es Joachim allerdings schwer, sein Utopika zu finden. Er war gern mit ihr zusammen, das spürte

111

er. Auch finanzielle Aussichten waren gut, so Robertas Vater, wenn er sich auf eine ernsthafte Beziehung einließ. Aber unter diesen Vorzeichen? Später an diesem Abend unterhielten sie sich über ihre Zukunft...... *„Utopika, bitte nicht ankommen", dachte Joachim.*

Schlusskapitel

„..... und es gibt Sie doch!“

Zum ersten Mal hat Joachim Manuela auf dem Weihnachtsmarkt, in der Düsseldorfer Altstadt gesehen. Dirk, der Straßenmusikant spielte gegenüber ihrer Verkaufsbude. Er machte auch keinen Hehl daraus, keine Weihnachtslieder zu spielen. Nein, warum auch? Für seine älteren, aber auch jungen Fans spielte er lieber Ohrwürmer von den Beatles, von Simon and Garfunkel seine Lieblingssongs „The Sounds of Silence und „Cäcilia“, gefolgt von den „The Beach Boys“, den „Bee Gees“ und nicht zu vergessen die „Rolling Stones“ versetzte ihn zurück in seine wilde Studentenzeit.

Und Manuela stand in ihrem Weihnachtsverkaufsstand Nummer 129, in *„Manuela`s Geschenklädchen“*, umrahmt von Kräuterblumen, Duftstäbchen, Räucherkerzen und anderen Weihnachtskram. Die Songs schienen hier gefangen zu sein. Der ganze Verkaufsstand war in Bewegung, ausgelöst durch Manuelas gekonnte Hüftschwünge. Joachim staunte, war fasziniert beim Anblick Manuelas und welches Augenpaar zuerst Signale sendete, weiß Joachim auch nicht mehr so genau. Es funkt und knistert. Seine Empfangsantennen signalisieren Plausibilitätenchaos.

„Lass die Finger von ihr!“ Schon zu spät! Spontan und fremd gesteuert bot er Manuela sein letztes Fischbrötchen an. „Das ist aber sehr lieb von dir“, griff Manuela beherzt zu und bedankte sich nochmals. „Das finde ich aber sehr nett von dir“, und meinte errötend weiter: „Sehen wir uns wieder? Und wann?“ Joachim stockte der Atem und dachte nur, „hoffentlich.“ Manuelas Augenpaar gelang es zu verstehen. Sie signalisierte, „wir sehen uns bestimmt wieder." Joachim hatte begriffen, dass er angekommen war. Oder war es nur wieder Utopika?

Eine Menschentraube von holländischen Frauen belagerte den Stand. „Was kosten denn die Duftkränze und die roten Kerzen dazu?"

Joachims Träumereien wurden jäh unterbrochen. Er wurde langsam in die letzte Reihe gedrängt.

„Wir treffen uns am Rheinufer, im Marcel`s Cafe", konnte er Manuela noch zurufen. „Hoffentlich kommt sie", dachte Joachim um gleich wieder umzuschwenken, „hoffentlich kommt sie nicht."

Sie hat mir zwar gut gefallen, das gebe ich ja zu. Ich mochte ihre natürliche Art, aber das Gefühl zum ersten Mal mit ihr allein zu sein, ängstigte ihn. Und eine Reihe Hürden und Hindernisse stellten sich sofort dieser Begegnung entgegen. Joachim lebt ländlich in einer Kleinstadt. Er hat zurzeit kein eigenes Auto und auch kaum eigenes Geld. Paula, seine Astrologieberaterin hat das leider zu spüren bekommen. Und wie soll er Manuela auf ihren Verkaufstouren folgen? Etwa mit Bus und Bahn? „Nein, dass ist mir alles zu kompliziert", dachte er und erinnerte sich aber zugleich an sein eigenes positives Lebensmotto: *„Nicht im Verharren liegt Glück, sondern im Aufbruch, leider nicht immer im Ziel."*

Schnellen Schrittes durchquerte er die Altstadt, um in die Rheinuferpromenade einzubiegen. Die vertraute, weihnachtlich geschmückte Fassade vom Cafe-Restaurant *Marcel`s* beruhigte ihn. Denn hier im Marcel`s Cafe -Restaurant, im Stil der Belle Epoque, mit traumhaften Blick auf den Rhein mit seinen ausladenden Auen fühlt er sich heimisch, fühlt er sich wohl und sicher.

114

Robert, der Geschäftsführer begrüßt ihn wie immer mit einem neuen Tagesspruch. Isabel, die hübsche rassige Spanierin reicht Joachim die aktuelle Tageszeitung und Dörte, die charmante und hübsche Blondine, sie kennt Joachim`s Trinkgewohnheiten genau. Und heute ist wieder so ein Tag. Wenn Joachim mit Strickmütze das Cafe betritt, dann mixt Dörte bereits heiße Milch mit Honig. Joachim ist stets erfreut über diesen hervorragenden Service. Und richtet sofort an Dörte seine Standardfrage: „Welchen Typ Krawattenknoten sie denn heute trägt?" Denn Dörte hatte Joachim mit fachkundigem Charme erklärt, dass es achtundneunzig verschiedene Knotentypen gibt und sie auch einige beherrsche. Heute trägt sie den mongolesischen Steppenknoten, der dem afrikanischem sehr ähnelt.

„Sieht flott aus", dachte Joachim, „ich kenne nur den Standardknoten." Er setzt sich wieder links ans Fenster mit Blick auf die Rheinuferpromenade, auf den Rhein, den erleuchteten Fernsehturm. Und schaute verträumt über den Rhein, hin nach Oberkassel.

Oberkassel, die gegenüberliegende Düsseldorfer Rheinseite liegt bereits im Nebel. Er kann nur schemenhaft die schmucken Altbaufassaden erkennen. Düsseldorf ist hier an der Rheinpromenade besonders schön. Auch im Winter! Aber Joachim dachte weiter über Manuela nach. Und auch über Paulas Deutungen und Analysen über den Krebs. Was hatte sie nicht alles Richtige, aber auch Falsches festgestellt. Sie hatte Joachim`s Aszendenten - Steinbock - berechnet. Das Krebse keine Senkrechtstarter sind, das wusste Joachim auch. Er bewegte sich auch oft im Zickzackkurs, wie jetzt, bei Manuelas Begegnung.

„Warum wird mein Vorgehen so sehr von schwankenden Gefühlen gesteuert?", philosophierte Joachim. „Einerseits beflügeln mich Anerkennung, anderseits geht mir Sicherheit und Geborgenheit über alles."

Aber Paula hatte ihn auch prophezeit, „dass er mit unkonventionellen Ideen und außergewöhnlichen Menschen konfrontiert werde. Alles Neue wird dich bereichern und dich auch weiterbringen", erinnerte sich Joachim. „Und in der Liebe sollen für dich aufregende Zeiten anbrechen."

„Sollte das schon heute sein?", fragte er sich.

„Auch beruflich sei sein Energielevel noch nicht erreicht", so Paulas Aussage. „Und um deine Gesundheit brauchst du dir keine Sorgen machen. Krebse strotzen vor Kraft."

Mit einem selbstsicheren „Hallo, da bin ich", stürmte Manuela zielgenau an Joachims Tisch und drückte ihn innig. Eva, nein es ist Dörte und Isabel staunen nicht schlecht, als Joachim, der bisher als introvertierter Mutierter plötzlich seine Schüchternheit ablegte und das mit einem schmalzigen Wangenkuss abrundete. Hier prallten Joachims Gefühlsreichtum - *was bin ich* - und Manuelas Vorliebe für festgefügte, soziale Umgangsformen - *wohin gehe ich* - aufeinander. Typisch für Steinböcke. „Wird Manuela mich so akzeptieren?" Oder am Ende an ihre festgefügten Umgangsformen scheitern. Und wie wird Joachim sich verhalten? Will, oder kann er überhaupt eine klare Entscheidung treffen? Jedoch eins ist sicher, am Ende wird nichts mehr so sein wie zuvor.

Übrings, bei Reihenuntersuchungen von Erstkontakten stellte sich heraus, dass die Hälfte aller Männer sich mit falschem Namen, Alter, Gewicht und Beruf vorstellen. Vom Familienstand ganz zu schweigen.

Warum eigentlich ....?

Und wie sieht das bei Frauen aus? Die Höflichkeit verbietet es, danach zu fragen. Oft erkennt Mann es. Viele Frauen behalten ihren Charme durch Typ gestylte Kleidung

116

mit dezenten Accessoires. Aber es gibt auch Frauen, bei denen man zwischen Alter und Aussehen Dinge assoziiert, die nicht immer vorteilhaft erscheinen. Auch nicht für uns Männer.

Da werden ausdrucksstarke Gesichtslandschaften zu straffen Einöden umkultiviert. Faltige Halspartien mit Bernsteingehänge, wie Lichterketten, dekoriert. Lippen zu Rettungsringe umgeformt. Brustpartien zu Hügellandschaften aufgepumpt. Arschbacken, wie Werkbänke mit Hobelleiste und Schraubstock umgebaut. Oberschenkel abgesaugt und zu filigrane Edelholzstämme umgearbeitet. Und danach mühsam mit Salbe und Fettcreme geglättet.

Nur Füße bleiben so wie sie sind. Und oft passen sie einfach nicht zum Gesamtbild, Kunstwelten. Das größte Geheimnis der Frauen ist Gewicht und Alter. Hier klaffen oft Wahrheit und Dichtung weit auseinander.
Warum eigentlich ....?

Doch vergesst nicht, dass Männer von euch träumen, nicht nur von eurer Gestalt und Aussehen, sondern auch vom Geist. Die überbetonten Wölbungen und Kurven der Monroe oder Dolly Buster entsprechen nicht mehr dem Schönheitssinn der heutigen modernen Frau.

Unser Männer Ideal ist viel eher der grazile, sportliche, bewegliche Typ, auf keinen Fall die coole lässig wirkende, die die Lüsternheit erwecken will und auf jugendlich getrimmt daher stolziert. Der Effekt Frau besteht nicht darin, schöne und stumme Unterstützung und Anhängsel, oder Dienerin zu sein, sondern darin, dass sie, wenn Mann und Frau sich einander begegnen, durch Selbstfindung und Selbsterkennung Realität ausstrahlt. Und nicht, dass sie sich in eine andere verwandelt. Nicht als Menetekel - gezählt, gewogen und als zu leicht befunden - abgestempelt wird.

117

Für uns Männer stellt sich oft nicht die Frage nach makelloser Schönheit, oder nach der Rolle der Frau, sondern nach dem Phänomen der Liebe, wie geliebt wird. Für ihn ist es oft nur eine Episode in seinem Leben, für sie sehr oft Transformator und Motor, der die Welt verändern kann.

Frauen reden über Gott und die Welt. Männern erklären Frauen die Welt. Sie wollen mit ihm fliehen, nie mehr zurückkommen, einfach leben mit ihm, wo Sonne ist und Früchte wachsen. Fern von allem, was bisher hinderlich war. An seiner Schulter anlehnen, sein Haar streicheln, seinen Mund küssen und nachts in seinem Schoß schlafen. Wirklich? Ja, wirklich!

Der Abend wurde abgerundet mit einem Bummel über die fast leere Rheinpromenade. „Es ist 23 Uhr 17 Minuten", sagt Joachim voller Stolz mit Blick auf den Fernsehturm.

„Woran erkennst du das?", wollte Manuela wissen. „Bei den vielen beweglichen Lichtpunkten kann ich kein System erkennen." „Also", begann er voller Stolz zu erklären. „Toll, jetzt erkenne ich auch den Lichtpunkt für die Dekade, für volle 10 Minuten. Und jetzt auch die darüber leuchtende Punkte für 7 Minuten." Sie hielten inne und umarmten und wärmten einander. Manuela hatte Joachim gebeten, sie noch bis zum Hotel im Medienhafen zu begleiten. In der Hotelbar tranken sie noch einen Absacker.

„Willst du mich noch zum Zimmer begleiten?"

Der Fahrstuhl quälte sich hoch, bis in die fünfte Etage. Vor dem Zimmer 507 blieben sie stehen. Joachim war müde. Sie entschwand hinter ihre Zimmertür und rief dabei: „Einen Moment, ich bin gleich soweit."

Joachim wartete.

Dann hörte er ihre Stimme: „Jetzt darfst du reinkommen."

118

„Sie wird sich schnell umgezogen haben", dachte er.

Er hatte sich geirrt. Sie hatte nur einen Bademantel übergeworfen. Gekonnt lässig stand sie da, wie die Natur sie geschaffen hatte.

„Oh Gott", dachte er, „nein, nicht auch das noch. Nein, ich will einfach nicht. Sie traut mir und will mir das beweisen. Nein ich kann jetzt nicht! Und das hat nichts mit meinen alten Beziehungen zu tun."

Er blieb wie ein störrischer Esel stehen, errötete wie ein pubertierender Jüngling und stammelte hastig: „Ich bin sehr müde. Dein Vertrauen ehrt mich."

Sie stellte sich vor ihn. Reglos ließ sie ihren Bademantel fallen. „Du bist ziemlich schüchtern! Oder?"

Was sollte er darauf antworten und dachte nur: „Wenn Gott sie so geschaffen hat, dann will ich sie begehren und lieben", wechselte sein Unterbewusstsein von Ablehnung ins Bewusstsein des Wollens. Früh morgens verließ er das Zimmer. Er ließ eine Frau zurück, bereit zur Liebe, bereit zum Leben. Sie hatten noch E-mail, Post-Adresse und Handy-Nummer ausgetauscht.

„Ich melde mich sofort, wenn ich in Portugal gelandet bin", war ihr letzter Satz beim Abschiedskuss. Vom ersten Tag der Trennung an, wird für beide die SMS zu den wichtigsten Kommunikationshilfsmitteln ihrer leidenschaftlichen Bekundungen, ihr zukünftiges Leben zu gestalten. Mal sind es rationale Nachrichten. Dann wieder leidenschaftliche, erotische oder gefühlvolle Botschaften. Doch Technik kennt auch Grenzen. Manuelas erster Rausch und Orgasmus wurde leider immer wieder gebremst nach 156 Eingabezeichen von, oder an Joachim.

Auch Smiley, E-mails, Telefonate und Briefe reichten nicht aus, den körperlichen Kontakt zu kompensieren.

Der Mangel an menschliche Nähe, unterschiedliche Lebensräume und Stile standen unüberwindbar am Wendepunkt ihrer Technik-Beziehung. Die anfängliche Begeisterung, der ersten Begegnung auf dem Düsseldorfer Weihnachtsmarkt, wich in eine abflauende Phase der Ernüchterung. Es war immer wieder Manuela, die ihre erotischen Botschaften gekonnt einbrachte. Fast jede Nacht wurden nicht alltägliche Worte zu gefühlvolle Sätze geformt.

Der Tag danach

Als Joachim am nächsten Morgen schlaftrunken die Augen mühsam aufschlug, spürte er, dass ab heute alles anders sein würde. Es war nicht die morgendliche völlig erschlaffte Skelettmuskulatur, nicht die genitale Erregung, auch nicht der rasende Puls und Blutdruck. Es war Manuela, die auftauchte, wie aus einem kristallklaren Gebirgssee. Der Morgen war still, hell und voller Frieden. Er stand wie immer auf, machte seine morgendlichen Gymnastikübungen, duschte, prüfte vor dem Spiegel seinen Drei-Tage-Bart und entschloss sich zur Rasur. Er kleidete sich an und fühlte dabei, dass seine alte Kleidung heute besonders gut aus sah. Er öffnete die Balkontür, um endlich den neuen Tag hereinzulassen. Und er kam. Er kam mit Manuela.

Wie benebelt, wie Minuten nach einem Traum voller Halluzinationen, die man meistens vergessen hat, blieb Joachim an der offenen Balkontür stehen und hörte die Nachrichtensprecherin: „Es ist Dienstag, der 18. Dezember 2007, 6 Uhr 30 Minuten, hier ist der WDR 2 mit aktuellen Nachrichten, mein Name ist Steffi Neu."

Joachim kehrte zurück in die reale Welt. Was war heute anders? Die Traumleinwand flimmerte in unvorstellbaren Farben und Bildern. Reizbarkeit Konzentrationsstörungen stellten sich ein. Fühlte er sich krank? War er gefangen in jener schöpferischen Krankheit oder Kraft, die Menschen befallen damit sie sich transformieren können.

Ganz plötzlich entschied er sich gegen Frühstück und entschloss stattdessen zu einem Spaziergang durch den kalten Wintermorgen. Als ihm die Uhrzeit in den Sinn kam dachte er, „diesen Tag werde ich nicht verschenken. Ich gehe nicht zur Ein-Euro-Job-Arbeit."

Und so fort empfand er ein beglückendes Lebensgefühl. Er blieb stehen und wusste, er würde eine andere Welt betreten. War es Utopika? Unsicher ging er weiter. Hinter dem Wäldchen durchquerte er den Park und stand vor seiner Bank, die er oft aufsuchte. Auf ihr saß eine alte Frau: „Ich freue mich, dass du gekommen bist."

„Sie kennen mich?"

„Ja", erwiderte sie.

„Ja wirklich?"

„Ja wirklich!"

„Aber ich kann mich nicht erinnern." Sie gab Joachim die Hand und sagte: „Ich bin Manu, schon sehr alt. Daran, dass man alt ist, stirbt man nicht", ergänzte sie die Begrüßung.

„Ich heiße Joachim", stotterte er, „mir kommt das alles so seltsam und eigenartig vor."

„Ich kenne deinen Namen. Jedoch wichtiger ist, wer du bist." Joachim hatte schon immer Schwierigkeiten mit älteren Menschen. Was ihn aber mehr verwirrte: „Woher kannte die alte Frau seinen Namen?"

„Ich sehe es dir an, du fühlst dich unwohl."

„Nein, nicht unwohl, eher seltsam", erwiderte Joachim. Sie lachte herzlich. Und plötzlich wirkte sie jung. Sie hielt Joachims Augen fest, aber auf eine Art, die ihm angenehm erschien, ohne es zu wissen. Warum? Joachim musste seine Gedanken erst wieder ordnen, um seine Aufmerksamkeit der alten Dame zu widmen. Seine Erinnerungen mündeten in ein angenehmes aber trauriges Zurückdenken an seine Kindheit, an etwas Schönes, an etwas Wunderbares, das verloren gegangen war.

Eine Weile ging er dieser Gedankenwelt nach, doch dann versuchte er mit Fragen: „Woher wussten sie, dass ich heute komme? Und woher kennen sie mich? Wer sind sie? Und was wollen sie von mir?"

„Diese Fragen will ich nicht beantworten, jedenfalls jetzt nicht. Ich kenne dich. Nimm es einfach mal so hin. Übrigens, du darfst mich auch duzen. Und wer ich bin, darauf gibt es nur eine Antwort; ich bin, nicht mehr und nicht weniger, als ...."

Joachim lachte.

„Aber kannst du mir sagen, wer du bist?"

„Sicher, ich bin Joachim ...." „Nein, das sind keine Informationen über dich, sondern nur über deinen Namen, dein Alter, deinen Beruf und deinen Familienstand. Über dich habe ich nichts erfahren."

Joachim schwieg. Wer bin ich? Diese harmlose gehörte und gestellte Frage, zigmal schon oberflächlich behandelt und beantwortet, ich kann nicht viel dazu sagen.

„Nicht wahr?"

„Nicht wahr!"

„Ich weiß genau wer ich bin", erwiderte Joachim, „und nun will ich wissen, was du von mir willst?"

„Setze dich zu mir, ich will mit dir reden." Er spürte, dass ihr Wunsch sehr wichtig zu sein schien. Er musste dabei heftig nach Atem ringen, weil mit diesen Fragereien Gefühle auftauchten, welche er seit Jahren verschüttet waren. Hin- und

122

hergerissen zwischen Furcht und Warmherzigkeit und liebevollen Gefühlen, die er für die alte Dame empfand, sich in eine Sache einzulassen, die nicht ganz geheuer erschien.

„Du kannst jederzeit unser Gespräch ablehnen. Dann bist du frei und kannst in deine Welt zurückkehren, dass weißt du. Es ist deine Entscheidung. Nur du, nur du musst dich entscheiden!"

Joachim blieb stumm. Zu der immer mehr intensiveren Zuneigung zu ihr paarte sich eine tiefe Traurigkeit.

„Äääääahh, ja richtig", nuschelte er mit belegter Stimme. „Ich kenne nur meine Vergangenheit und meine Gegenwart ist für mich Zukunft. Aber meistens weiß ich, was auf mich zukommen könnte."

„Bist du sicher?"

Er konnte nicht antworten. Die in ihm aufgefühlten Gedanken und Gefühle ließen ein klares Denken nicht mehr richtig zu.

„Es ist wichtig, wenn du weißt, dass dein weiteres Leben schön und hässlich, gut und schlecht, angenehm und hart, je nachdem welchen Standpunkt du einnehmen wirst, verlaufen kann."

Seine Zweifel, seine Unsicherheit über all das, was bisher geschah, seine unterdrückten Gefühle machten Joachim ungeduldig.

„Warum ist das so und warum ist alles so geheimnisvoll?", wollte er wissen.

„Nichts ist daran geheimnisvoll. Ich will einfach nur mit dir reden. Über dich und über vieles, zum Beispiel, was dich beschäftigt, was dir Freude bereitet, oder was dich beunruhigt. Sonst nichts."

Bei ihren letzten Worten strahlte sie. Joachim spürte eine tiefe Zuneigung zu ihr, dass er plötzlich mit Tränen zu kämpfen hatte. Längst vergessene Gefühle, Regungen und Wünsche tauchen auf und rührten heftig in ihm.

„Hast du dich entschieden?", fragte sie.

„Ja wirklich?"

„Ja wirklich!", wachte Joachim schweißgebadet auf. Seine Traum- und Seelentätigkeit hörten auf zu arbeiten.

„War es ein wahrhafter oder ein wertvoller Traum?", versuchte Joachim zu analysieren.

Er wusste genau, dass Träume zu Deutungen fähig sind, denn Traumbilder seien, wie Bilder im Wasser, die durch Bewegung verzerrt sind. War es eine direkte Weißsagung, die die alte Dame gesendet hatte? Wollte sie ein bevorstehendes Ereignis Voraussagen? Oder waren es nur symbolische Deutungen für seine Zukunft? Erschöpft legte er sich wieder ins Bett und dachte an Seminare der Geisteswissenschaften zurück.

Übergangslos wandelte sich seine Traumkulisse von irgendwo und nirgendwo. Von Utopika hin zu erschütterten Realität seines Daseins. Die Ungewissheit über den Verbleib der alten Dame wird für Joachim mehr und mehr zum Horrorszenarium. Das Bild, das sein Auge durchläuft ist wie ferngesteuert. Immer ungewisser wird, welche Erinnerungen und Bilder er noch trauen kann. Ist ihm Manuela tatsächlich auf dem Weihnachtsmarkt erschienen oder ist alles nur ein Alptraum? Die Suche nach Wahrheit wird zu Strafe. Unklar bleibt, wofür. „Unsere Träume schließen stets an die kurz zuvor im Bewusst- und Unterbewusstsein gewesene Vorstellung an", so hatte es der Professor erklärt.

„Richtig", dachte Joachim. Ein genaues Betrachten wird oft immer den roten Faden finden, in welchem der Traum an Erlebnisse des vorhergehenden Tages anknüpfte. Genau so hatte es der Professor immer wieder erklärt. Nie

124

wiederholt sich das Leben des Tages mit seinen Freuden und Schmerzen, seinen Anstrengungen und Genüssen, vielmehr will der Traum uns oft davon befreien.

Oder er nimmt aus der Wirklichkeit nur einzelne Facetten für seine Kombinationen, oder er übersetzt nur die Tonart unserer momentanen Stimmung und symbolisiert die Wirklichkeit. Und weiter, das alles Material, das den Trauminhalt zusammensetzt, auf irgendeine Weise vom Erlebten abstammt, also im Traum reproduziert wird. All diese Gedankengänge mit *Wenn, Oder, Aber,* bestärkten Joachims These von Geisteswissenschaften die alles weiß, aber nichts genaues beweisen kann, jedoch jungen Menschen das Denken lehrt. Aber Joachim wusste auch, dass Traumdeutung auch unbestrittene Erkenntnisse enthält. So wie sich das Verhältnis Traum zur Realität darstellt, verhält sich Traumdeutung zu dem, was ein Traumdeuter sagen wollte.

Und so dachte er rührend über die erste Begegnung auf den Weihnachtsmarkt nach und über die romantischen Momente mit Manuela im Marcel`s Cafe-Restaurant. Er nahm an, dass sein Traum, wenn er schon aus einer anderen Welt stammt, ihn auch in eine andere Welt entrückt hatte.

War er etwa Manuela näher gekommen? Er wusste aber auch, dass sich das tägliche Leben mit all seinen Anstrengungen, Freuden und Schmerzen nie wiederholt, vielmehr geht der Traum darauf aus, sich vom Alltagsleben zu befreien.

Joachim zweifelte. Einerseits war er Manuela sehr nah. Anderseits wusste er, wenn eine Aufgabe unsere Sinne, unsere Gefühlswelt unser ganzes Bewusstsein in Anspruch nimmt, dann kann der Traum uns etwas Fremdartiges geben, oder er nimmt aus der Wirklichkeit nur einzelne Elemente.

„Mein Traum schließt sich an die kurz zuvor im Bewusstsein gewesenen Vorstellung ein", philosophierte Joachim und versuchte die Begegnung mit der alten Dame positiv zu deuten.

Via Utopika

„Hast du dich entschieden?", fragte die alte Dame.
Joachim nickte kurz und stand auf. „Gehen wir?"
Die alte Dame freute sich, stand ebenfalls auf und nahm ihn mit. Sie durchquerten den Park, mitten in einer Stadtlandschaft, die durch ihren besonderen Reiz faszinierte. Der Park öffnete sich hin zu einer weitläufigen Hügellandschaft, die bis zum Horizont reichte und ihn an die Gerresheimer Höhen erinnerte. Bäume konnte er nur wenig entdecken. Es war eine Freude, diese Landschaft zu durchwandern. Kilometerweit war keine Zivilisation zu erkennen. Er hatte nicht gewusst, dass in solcher Nähe von seiner Wohnung eine derart schöne Landschaft lag.
Sie gingen schweigend nebeneinander her. Sie legte ein Tempo vor, das für ihr vermutliches Alter erstaunlich war. Vom schnellen Gehen außer Atem, versuchte Joachim die eine oder andere Frage zu stellen. Doch sie beachtete ihn überhaupt nicht und so trottet er die meiste Zeit hinter ihr her. Plötzlich fiel ihm auf, dass an dieser Gegend, außer der Schönheit, auch bizarre Landschaftsformen auftauchten. Kaum ein Geräusch war zu hören. Eine beunruhigte Stille herrschte. Aus der Ferne nur schwaches Bellen. Hin und wieder zwitscherten Vögel. Nach geraumer Zeit des schweigenden Wanderns begannen Joachims aufgewühlte Gefühle Fragen zu formulieren. Er fühlte, dass er diese alte Dame näher kennen lernen muss. Unbeschreibliche, liebevolle Gedanken und Gefühle stiegen in ihn auf. Erinnerungsfetzen alter Zustände seines Lebens, längst verschüttet, stiegen auf und brachten ihm Vertrautheit und Geborgenheit ins Be-

wusstsein. Und immer wieder die Erkenntnis, auf unzählige, ähnliche angenehme Erlebnisse verzichtet zu haben.

Doch es gab auch immer wieder Augenblicke, wo er all diese flüchtigen Augenblicke in Frage stellte. Dann versuchte er als Analytiker, das Geschehen mit kühlem Kopf und sachlichem Verstand zu betrachten, zu analysieren. Doch dann wurde ihm jedes Mal bewusst, dass irgendetwas nicht stimmen konnte. Wenn ich aufwache gibt es eine logische Erklärung. Seine Mutter sagte deshalb immer: *„Träume werden am schnellsten wahr, wenn du aufwachst."*

Doch dann übermannten ihn wieder diese bekannten und doch unbekannten Gefühle. „Woher rührte der Wunsch sie einfach zu drücken, mich einfach in ihre Arme fallen zu lassen? Ihr blind vertrauen?", hinterfragte sich Joachim. „Und will ich das?"

Wäre sein Verstand ihn hin und wieder nicht im Wege gewesen, hätte er es einfach getan. Diese Bedürfnisse kannte Joachim. Einerseits stand er im Banne dieser alten Frau, anderseits fragte er sich, ob er nicht langsam einer Fata Morgana nachlief und die alte Frau in irgendeinem Gefühlsrausch maßlos überhöhte. Sie waren inzwischen drei Stunden gelaufen. Die Sonne stand tief am Horizont. Es war kein Weg mehr zu erkennen, geschweige denn eine Straße. Quer Feld ein, vorbei an unförmigen Felsformen, wie Wächter einer fremden Welt, tauchte ein Viadukt, freistehend in der Landschaft auf. Eine ängstliche Beklommenheit ergriff Joachim. Er blieb stehen. War er hier nicht schon einmal gewesen? Ein alter, morscher mit Moos und Ranken überwucherter Wegweiser zeigte die Richtung, *Lisboa => 2380 Kilometer* an. „Was soll das? Soll ich weiterlaufen? Was ist besonderes daran, Lissabon kennen zu lernen? Dauernd unterwegs zu sein, kann und ist in Wahrheit ein Alptraum."

128

Die alte Dame blieb endlich stehen. Sie lächelte ihm zu und sagte: „Nun sind wir angekommen und können miteinander reden. Setz dich bitte zu mir hin."

Erst als Joachim saß, spürte er Müdigkeit, Durst und Hunger. Ihm fiel ein, dass er heute noch nichts gegessen hatte. Er bemerkte erst jetzt, dass sie einen Beutel bei sich trug. Sie entnahm ein Stück Brot und eine Wasserflasche und bot es Joachim an. Dankend griff er zu. Es war einfaches Brot und klares Wasser. Doch es schmeckte ihm besonders jetzt, nach der anstrengenden Wanderung, sehr gut. Seine Reservespeicher füllten sich wieder auf mit frischer Energie. Sie aßen schweigend. Nachdem Joachim satt war, fühlte er sich derart kraftvoll und stark, dass er sofort die Via Lisboa und sein Geheimnis erkunden wollte. „Wie fühlst du dich?", fragte die alte Dame.

„Gut!"

„Was heißt gut? Das sagt mit überhaupt nichts. Gut kann viel, aber auch wenig sein." Joachim blickte nur verständnislos und ironisch meinte er: „Ich fühle mich stark und ausgeruht."

Sie nickte: „Stark und ausgeruht fühlst du dich, schön, dann will ich beginnen."

Obwohl Joachim jede Vorstellung vom Gespräch fehlte, spürte er Unbehagen und Angst. Aber wovor? Die alte Dame sah ihn lange prüfend, aber freundlich an. Er versuchte, ihren Blick standzuhalten.

„Ich glaube, du kümmerst dich zu sehr um Unwesentliches", sagte sie. „Dir ist es oft wichtiger, wie Menschen auf Dinge reagieren als die Dinge selbst. Um andere zu tolerieren, musst du erst mal einen eigenen Standpunkt haben. Die Dinge selbst sind das Wesentliche. Wer nicht weiß, was er will, kann sich nicht an Dinge des anderen reiben. Dein

Weg soll leben von einfachen, simplen und lebensklugen Einsichten. Dieser Ansatzpunkt ist wichtig, weil er einen Satz von Konfuzius - chinesischer Philosoph, 551 bis 479 v. Chr.- gleichsam geraderückt, der in der heutigen Zeit gern und oft zitiert wird: *„Der Weg ist das Ziel."*

„Nein, das sehe ich ganz anders", erwiderte Joachim. „Das würde ja bedeuten, dass es fast Selbstzweck ist, unterwegs zu sein. Ankunft würde dann Stillstand bedeuten. Es wäre auch eine gnadenlose Überforderung dauernd unterwegs zu sein. Das kann in Wahrheit ein Albtraum sein. Menschen würden einsam. Unterwegs erlebt man endgültige Abschiede. Das Ziel soll nur den Horizont umspannen und beschreiben. Und Wert und Güte eines langen Weges sich erst von seinem Ziel her erschließt. Nicht umgekehrt!" „Das Gefühl anzukommen, etwas zu einem guten Abschluss gebracht zu haben, das muss das Ziel sein", ergänzte die alte Dame.

„Aber was meinst du mit guten Dingen?", fragte Joachim beiläufig.

„Das weißt du genau."

Joachim antwortete nicht und dachte über Sinn und Unsinn solcher Gespräche nach. Manche Unterhaltungen enden in *tote Gespräche.*

„Ich will dir heute helfen, in Zukunft das Wesentliche zu sehen, die Dinge selbst. Nicht das, was gedacht, gesagt und geschrieben wird. Schaue hinter die Dinge und vertraue nicht immer nur dem Schein. Schönheit hat gegen Realität und Wirklichkeit keine Chancen. Oder umgekehrt?" „Aber es ist wichtig für mich, was andere denken. Ich brauche die Meinungsunterschiede", erwiderte Joachim.

„Mag sein, aber erstens weißt du nicht was andere denken. Es soll dir zunächst nur darum gehen, dass das Wesen der Dinge, die Sachen selber für dich nicht verloren ge-

130

hen. Es gibt unzählige Menschen, die Zeitungen, Bücher lesen und Fernsehen. Das ist das Leben für sie. Doch das sind alles nur Gedanken anderer. Mehr nicht."

Joachim verstand. „Du meinst also, das Leben selber spielt sich nicht in Zeitungen, Bücher und Fernsehen ab, sondern Tag für Tag zwischen den Menschen."

„Genau, so kann man es formulieren. In Gesprächen achtest du zu sehr auf deren Reaktionen und zu wenig auf das, worum es wirklich ankommt. Du tust so, als ginge es dir um die Sache. Dir geht es fast immer um das Reden mit anderen, um Auseinandersetzungen." Joachim schwieg einen Augenblick nachdenklich. „Ich glaube, ich verstehe, was du meinst."

„Wie oft hast du jemanden gesprochen, der das auch gesagt hat, was er dachte? Willst du dich mit jemanden unterhalten, der anders redet als er denkt? Und der noch mal anders denkt als er handelt? Das erleben wir leider täglich in politischen Auseinandersetzungen!"

„Worte werden an Taten gemessen. Wasser predigen und Wein trinken", so hatte es Joachims Mutter oft genug gesagt.

Als hätte die alte Dame Joachims Gedanken erraten, fuhr sie fort: „Ich weiß, warum du so gedacht und gehandelt hast. Wenn du dein Leben zurück verfolgst, findest du viele Gründe. Möglicherweise hast du den Weg gewählt, weil er dir am besten erschien." Mit jedem Satz hatte die alte Dame den Kern der Sache erfasst. Tatsächlich fühlte er sich nur zu oft seiner Umwelt, seinem täglichen Leben ausgeliefert.

„Ich reagiere mehr, als ich agiere", und weiter dachte er: „Ich lebe nicht, ich werde gelebt."

Die alte Dame stand auf. „Damit bin ich zunächst am Ende. Vielleicht treffen wir uns wieder", und verschwand irgendwo im Nirgendwo.

Joachim blieb allein mit Fragen, aber ohne Antworten zurück. Eine Art Traurigkeit, Mattigkeit und eine Beklommenheit hinderten ihn weiter zugehen „Nun gebe ich das Suchen auf und will lernen, zu finden. Ich stehe jetzt auf, hier und heute und .....!"

.... wälzte sich im Bett hin und her. Das Morgengrauen ließ alles aschfarben erscheinen. Umrisse der Gläser und Fotos auf dem Nachttisch wirkten hart. Der Kopf schmerzte. Plötzlich tauchten Erinnerungen auf. Querschläger, die seine Erinnerungen durchlöcherten. Unbekannte Gesichter beugten sich über ihn. Kalte Hände wanderten seinen Arm bis zur Schulter hinauf. Eine Nadel durchdrang seine Haut und Blut strömte, dunkel wie Teer. Er wachte und dachte, „bin ich ein toter Hund?", als er sich halb hängend im Bett, schutzlos und ängstlich auf dem Boden wiederfand.

Der erste Brief aus Lissabon
5. Januar 2008

Hallo mein lieber Unbekannter....... Ola, o meu amigo, mein neuer Freund, Joachim! Oder?

Hier in Lissabon - an der Atlantikküste - wo ich seit Jahren lebe, regnet es auch manchmal. Wenn es regnet, ist Lissabon am gemütlichsten. Man setzt sich ins Cafe und macht, wozu sonst nie Gelegenheit ist, einfach die Zeit bei Kaffe und Kuchen verstreichen lassen. Deshalb habe ich heute ein wenig Zeit um Dir mehr von mir zu schreiben. Uns Deutschen sagt man nach, keine besondere Neigung für Lissabon zu haben. Für mich steht Lissabon für Sehnsucht, Melancholie und Fado, der portugiesische Volksgesang. Neben dem Fado aus Lissabon gibt es diesen leidenschaftlichen, schmalzigen Gesangsstil auch in anderen Regionen. Der Fado ist mehr eine Ballade, die Studenten für ihre Angebeteten unterm Fenster schmachteten. Bis heute singen ihn die Studenten, ganz traditionell mit schwarzem Umhang über den Schultern. Wir können verschiedene Bars aufsuchen, wo am Wochenende der Fado von Wirten gesungen wird. Manchmal auch von Gästen.

Lissabon hat natürlich noch mehr zu bieten. Ich gehe gerne ins alte Hafengelände, wo die Expo 1998, die letzte Weltausstellung des Jahrhunderts, statt fand. Hier im Hafen entstand zum Thema: „Ozeane - eine Erbe für die Zukunft", ein Meeresmuseum mit riesigen Aquarien. Die Praca do Comercio am Tejo, ist zur Flaniermeile aufgestiegen. Ich brauche Lissabon. Warum nicht? So weit so gut! Ich bin 42 Jahre, Steinbock, 1 Meter 78 groß und Raucherin. Ich spreche gut portugiesisch und mein Englisch ist auch zu gebrauchen. Jo-

133

achim, oder wie nennt man dich sonst noch? Hast Du einen Spitznamen den Du magst.....?

Meine Mutter gab mir den Spitznamen Hexe, weil ich Natur rote Haare habe, ein freches selbstbewusstes Kind war und meiner Mutter den letzten Nerv raubte. Manu, weil die Portugiesen das hübsch finden. Und wie willst Du mich nennen? Joachim stockte beim Lesen dieser ersten Zeilen und dachte nur, „typisch Steinbock, *wohin gehe ich.*"

Ich habe mehr Gutes als Schlechtes im Leben erfahren, schrieb Manuela weiter, und bin deshalb ein kleiner Sonnenschein, der oft alles positiv sieht. Ich reiße Menschen mit, weil meine Ausstrahlung auch andere Menschen ansteckt und manchmal kann ich über mich selbst lachen. Ich bin gebildet und eine modern eingestellte, reife Frau. Ich liebe das Leben, die Liebe und die fantastische Welt in der ich lebe.

„Sollte das mein Utopika sein?", dachte Joachim bei Tiefe dieser Zeilen. Ich möchte noch so viel Schönes erleben, schrieb Manuela weiter. Meine Hobbys sind so eingerichtet, dass ich sie auf der ganzen Welt ausüben kann. Tauchen und Gleitschirmfliegen übe ich aus, wenn ich spontan ins Ausland reise. Ich liebe Wandern nicht nur in unberührter tropischer Natur, sondern auch in Südamerika, oder in den europäischen Alpen. Motor und Radfahren, wann immer es geht. Laute Musik hören, Tanzen, Lesen, Fernsehen, Karten spielen, das alles finde ich toll. Aber auch Malen und herstellen von außergewöhnlichen Dekorationen liegt mir sehr. Vor allen Dingen kann ich sehr gut kochen.

„Kochen, wann habe ich das letzte mal gekocht und wie geht das?", erwischte sich Joachim dabei, dass er oft kochende Männer, „Hmm, Hmmmm, wie lecker", gern als Weicheier titelte.

134

Obwohl ich mal Büroleiterin war, habe ich vor einigen Jahren mein Hobby, Kochen, zum Beruf gemacht. Dafür war ich fast ein Jahr in Paris. Ein perfektes Dinner bei Kerzenschein mit viel Romantik ist immer eine Herausforderung für mich. Oder für uns Joachim?

Also werde ich Dich auch in diese Richtung verwöhnen können. Ich esse alles, probiere unmögliches und trinke gerne Sekt, manchmal einen Schnaps, zum Essen Wein und am Strand Cuba Libre, dass natürlich in Maßen. Gerade scheint die Sonne wieder. Ich lege mich ein wenig auf die Terrasse und schreibe Dir später noch mehr.

Und Joachim lernte Manuela schon etwas näher kennen, nämlich so wie er es liebte, offen, ehrlich und nuancenreich geschrieben. Weibliche Schreibweisen, so erinnerte sich Joachim an sein erstes Semester Psychologie, sind geprägt von erotischem Feingefühl und haben oft soziologische Ansätze. Im Entlarven, analysieren des Textes, die Frühverliebte in einem Bild aus Sehnsucht, Leid, eventuell Enttäuschung festhalten, liegt meistens das emanzipierte Potential, das weit über theoretische Liebes- und Geisteswissenschaft hinausgeht.

Aus bekannten Gründen hatte Joachim sein Studium der Publizistik, Philosophie und Psychologie, also der Geisteswissenschaften beendet. Und deshalb waren das für mich „Lusthemmer". Den einzigen Sinn sah ich nur darin, jungen Menschen - und mir besonders - Denken beizubringen.

Ein Tag ist vergangen, ich fühle mich gut und wohl wie an den meisten Tagen, schreibt Manuela weiter. Was sagen Dir die Worte? Fernweh, Reisefieber, Abenteuerlust, Urlaubsstimmung, Lebenshunger, Tatendrang, Glücksgefühle, Vertrautheit und Geborgenheit.

„Sehr viel, eigentlich all das, was ich auch träume",
sagte Joachim zu sich selbst und ergänzte Manuelas Worte
mit seinem Lebensmotto: *„Nicht im Verharren, sondern im
Aufbruch liegt Glück, leider nicht immer im Ziel."*
Joachim las voller Spannung und Vorfreude den Brief weiter.

Irgendeins der Worte begleitet mich täglich, manchmal sind es auch mehrere. Ich stecke voller Energie und werde leider oft ausgebremst. Ich habe noch viel vor, ...doch
die Zeit rennt mir einfach davon. Je älter ich werde, umso
schneller geht ein Jahr vorbei. Es ist zum Verrücktwerden.
Kennst Du auch solche Gefühle?

„Ja selbstverständlich Manuela, nur Zeit und Zukunft
sehe ich etwas anders. Ich habe gelernt, wieder im Hier und
Heute zu leben. Trotz vieler Pläne zählt nur, was man wirklich hat. Präsens, die Gegenwart! Denke daran, Zukunft ist
immer Gegenwart! Und genau, das musst Du genießen. Du
wirst zwar immer älter, aber woher willst du wissen, wie alt
du wirst? Und deshalb ist jetzt, Hier und Heute Gegenwart,
ist Zukunft", wird Joachim, Manuela in seinem ersten Brief
erklären.

Ich esse gerade eine portugiesische Vorspeise, die
ich selbst zubereitet habe .... so lecker mit Sherry und
Knoblauch. Ich schreibe nur soviel, dass ....

Ich lese auch jedes Mal mein Horoskop, - Du auch? -
wenn ich eins in der Zeitung finde. Ich bin übrigens ein typischer Steinbock mit allen positiven aber auch negativen Eigenschaften. „Auch das noch", denkt Joachim und durchstö-
bert sofort Fachbücher nach Eigenschaften, die Steinböcken
nachgesagt werden.

Also, Steinböcke sind sehr gewissenhaft, ideenreich,
gründlich, strebsam, flexibel, zuverlässig, ausdauernd, be-
scheiden, unkompliziert, selbstkritisch, solide und gutmütig

136

sind. Aber es gibt auch negative Eigenschaften, die Steinböcke nachgesagt werden. Sie sind arrogant, geizig, rechthaberisch, anmaßend, zugeknöpft, skeptisch, labil, herrisch, zynisch, stur, rücksichtslos und egoistisch.

„Aber passt das nicht zu jedem Sternzeichen?", dachte Joachim beim Lesen der Zeilen. Ergänzend hat sich ein Steinbock im Alter zwischen 40 und 50 noch immer seine Jugend bewahrt, vor allem äußerlich. Er weiß, er steht in der Blüte seines Lebens. Er wird in beruflichen Dingen, besonders von Jüngeren - und das ist heute keine Selbstverständlichkeit - als Koryphäe anerkannt. Er hat schon viel erreicht und hat sich noch viel vorgenommen - Manuela auch. Bei seiner Ausdauer und seiner Beständigkeit ist das kein Problem. „Aber wer möchte das nicht", denkt Joachim abwägend und liest den Brief weiter, dass Manuela keine Menschen mag, die arrogant und eingebildet sind. Menschen die nichts auf die Beine stellen können und auch die nicht, die sich nur alleine mögen. Ich mag keine Idioten die nur Null Bock schieben und ich mag keine Politiker die leere Versprechungen machen. Für Lügner und Betrügern bringe ich kein Verständnis mehr auf. Ferner hasse ich Freunde die zu spät kommen und die, die meinen ich müsse mich immer melden, denn Freundschaft muss von beiden Seiten gepflegt und respektiert werden .... das verbindet dann ungemein. Und noch etwas. Ich bevorzuge die Wahrheit, nichts als die Wahrheit, knallhart ohne schleimende Worte, dann kann ich schnell reagieren und mich einer neuen Situation schnell anpassen! Deshalb muss die Wahrheit nicht immer schlecht sein! Ich hoffe Du verstehst es? Ich bin seit zehn Jahren geschieden und lebe seit dem alleine. Ich bin also frei für einen starken Mann der mich respektiert, einige Dinge toleriert und akzeptiert aber vor allen Dingen der gute Gefühle zeigen kann, wenn es dann zwischen uns gefunkt hat. Kurzum ich suche einen netten Lebenspartner der ein wenig Abenteuer im Blut hat, Zeit und Geld für die schönen Dinge im Leben hat, eventuell Tauchen kann, keine Pauschalreisen bevorzugt und ähnlich tickt wie ich. Ich bin im Sternzeichen des Steinbocks geboren. Na, Lust mich immer noch kennen zu lernen? Tja, dann können wir ja mal sehen, was aus einer kurzen Weihnachtsmarkt Begegnung alles werden kann. Und hoffentlich bis bald in Lissabon, Manuela!

„A que horas nos encontramos?"
„Wann treffen wir uns?"

Joachim war gerührt von dieser unmittelbaren gewollten Direktheit. Die Ich-Person Manuela, löste sofort bei Joachim die Gefühlsachterbahnfahrt aus.

Die Zukunft, über die Manuela geschrieben hatte, ist für mich immer Gegenwart. Die kurzen Erzählungen erinnern mich an Gefühle des ersten Kusses von einer namenlosen Frau. Diese heimliche Verbindung, diese undurchsichtige Fahrt auf dem Jahrmarkt der Gefühle motiviert Joachim sein Utopika zu finden.

„Nun stehe ich hier auf meinem Balkon und ......" Es ist Winter. Schneeregentropfen tanzen wild durcheinander. In der Ferne kläfft ein kleiner Hund, ein- oder zweimal. Im Hintergrund spielt sein Radio das Morgenkonzert, das er immer sonntags hört.

„Ich sehe alles deutlich vor mir, jede Einzelheit und erinnere mich an alle Bekanntschaften." Und er dachte weiter, „es ist schon ein komisches Gefühl, dass nun alles vorbei ist, wie gegen Ende eines Faschingsballs, wenn die Masken abgenommen werden.

138

Ich sehe jetzt, wer diejenigen, mit denen ich in Berührung gekommen bin, eigentlich gewesen sind. Diese Erlebnisse haben mich geprägt, haben mich sehr viel über mich selbst gelehrt und mir schonungslose Wahrheiten aufgezeigt. Ich habe gelernt, dass ich die Menschen, die mich gern haben, leider auch oft Schmerz zugefügt habe." Doch es gab auch erleuchtete Fenster. Diese Helligkeit ließ ihn deutlich sehen, ihnen „Danke" zu zurufen, denn er war fast bei ihnen gewesen, war schon fast in Utopika. „Vielleicht sehne ich mich deshalb nach der in der Ferne liegende Unbekannte. Vielleicht bleibe ich ein Suchender. Hoffentlich ein Bleibender!"

„.......... Utopika, bitte ankommen!"

Nachbetrachtung

Der Autor möchte noch ein Mal darauf hinweisen, dass seine Ausflüge in die Astrologie, in die Psychologie und Traumdeutung aus Recherchen stammen und nach bestem Wissen und Gewissen in seine Geschichten einfließen. Und das alles ohne Gewähr. Die Sterne haben nichts mit dem Einzelschicksal zu tun. Viel wichtiger ist, das richtige Hören und Sehen im täglichen Alltag.

„Wissen beginnt mit Neugier und Philosophie beginnt mit philosophieren", sind Antrieb für neue Buchprojekte, so der Autor. Er setzt die Reihe *Utopika, ...* fort.

Nach dem ersten Buch werden hoffentlich viele Leser begreifen, dass es nicht immer erstrebenswert sein muss, mit allen Mitteln das perfekte Glück zu erlangen. Und warum es nicht das Wichtigste im Leben ist. Die Botschaft lautet: „Aufbruch - aber das haben Sie eigentlich schon gewusst. Oder?"

Und genau, dass ist das Motto im Folgbuch: *Utopika, bist Du angekommen?*

Und ob sich alles zum Guten wendet wird hoffentlich im dritten. Buch: *Utopika, wo bist Du?* beantwortet.

Anhang
Sternzeichen aus indischer und westlicher Sicht

Der angriffslustige *Agni*,
    das göttliche Liebesgeheimnis im *Widder*.
Der sinnliche *Nandi*,
    das göttliche Liebesgeheimnis im *Stier*.
Der einfallsreiche *Vishnu*,
    das göttliche Liebesgeheimnis im *Zwilling*.
Die charismatische *Parvati*,
    das göttliche Liebesgeheimnis im *Krebs*.
Der aktive *Brahma*,
    .....das göttliche Liebesgeheimnis im *Löwen*.
Der freundliche *Ganesha*,
    .....das göttliche Liebesgeheimnis in der *Jungfrau*.
Die verführerische *Lakshmi*,
    .....das göttliche Liebesgeheimnis in der *Waage*.
Der aufregende *Yama*,
    .....das göttliche Liebesgeheimnis im *Skorpion*.
Der aufrichtige *Indra*,
    .....das göttliche Liebesgeheimnis im *Schützen*.
Der verantwortungsbewusste *Shiva*,
    .....das göttliche Liebesgeheimnis im *Steinbock*.
Der kameradschaftliche *Garuda*,
    .....das göttliche Liebesgeheimnis im *Wassermann*.
Die verbindliche *Ganga* und die gefühlvolle *Yamuna*,.....das göttliche Liebesgeheimnis in den *Fischen*.

Vertex im Widder

Unter dieser Konstellation muss man lernen, die Grenzen des Lebens, der Natur, der Zeit zu akzeptieren und die Impulse des eigenen Egos zu beherrschen, Demut zu lernen. Sie stoßen auf Probleme, wenn es um die Befriedigung geht, die aus einer Zuneigung einer Liebe oder Beziehung erfahren. Viele von ihnen werden sicherlich Schwierigkeiten haben, ein solches Ziel zu erreichen.

Bei den krankhaften Ausprägungen ist ein sich Verschließen in einer fantastischen Welt festzustellen, in der Träume und Wünsche immer verwirklicht werden können.

Vertex im Stier

Wer unter dieser Konstellation geboren ist, muss sich mehr als andere nach seiner eigenen Verantwortung im Lebensgeschehen fragen und begreifen, dass es vielleicht zu bestimmten kritischen, weil er seinen eigen Schatten auf die Anderen projiziert.

Unter den phatologischen Ausprägungen ist eine Art sozialer Unangepasstheit zu bemerken, Angst vor negativen Urteilen, Minderwertigkeitsgefühl, aber auch Egozentrik, Narzissmus, Bedürfnis nach Zustimmung seitens der Anderen.

Vertex in den Zwillingen

Unter dieser Konstellation Geborene spüren, dass sie nicht stillhalten können, weder körperlich noch psychisch. Untätigkeit macht sie nervös und unerträglich, deshalb suchen sie nach Anregung vor allem geistiger Art. Sehr oft befinden sie sich in eine Situation, in der alte Verhaltungsmuster und Auffassungen aufgeben und ihr Leben von vorn beginnen müssen. Sie sind sehr neugierig, besitzen deutliche Begabung für

142

Forschung und wissenschaftliches Denken und können gute Lehrer und Wissensverbreiter sein.

Im phatologischen Bereich kann man ein kaltes, distanziertes und verschlossenes Verhalten beobachten auch Größenwahn, Kleptomanie, Verfolgungswahn, Phobien.

Vertex im Krebs, siehe Seite 52
Vertex im Löwe, siehe Seite 55

Vertex in der Jungfrau

Unter einer solchen Konstellation haben die Menschen die Aufgabe, Teile der alten Ordnung zu zerstören und durch neue Elemente zu ersetzen, die den Bedürfnissen eines freieren Lebens besser entsprechen. Dieser Kampf kann sich um eine Idee, ein Konzept, eine Philosophie, einen Glauben abspielen, ist aber meist auf das eigene Selbst gerichtet.

Unter den krankhaften Ausprägungen finden wir Verfolgung, Naivität, Autismus.

Vertex in der Waage

Wer unter dieser Konstellation geboren ist, muss sich von selbst konstruierten Abwehrmechanismen befreien, um vertrauensvoll auf seine Umwelt zuzugehen. Außerdem muss er die goldene Mitte zwischen Kontrolle und Nachlässigkeit in den zwischenmenschlichen Beziehungen finden. Er neigt zur Übertreibung in die eine oder andere Richtung, will entweder alle oder alles unter Kontrolle haben.

Krankhafte Varianten stellen wir fest in Form von Gefühlsabhängigkeit, fixen Ideen, der Unfähigkeit, sich von der Kindheit zu lösen, Flucht vor dem Denken und Handeln.

Vertex im Skorpion

Die Geborenen dieser Konstellation wissen, dass sie um Anerkennung kämpfen müssen, wissen aber auch, dass sie dafür auf eine Art Aggressionsinstinkt zurückgreifen können. Die Stärke dieser Position liegt im eisernen Willen und einer Energie, die im Tierkreis ihresgleichen sucht.

Zu den phatologischen Formen gehören extreme Gefühlszustände, erlittene oder begangene psychologischen Kastration, Aggressivität, Boshaftigkeit und Rachsucht.

Vertex im Schützen

Wer unter dieser Konstellation geboren ist, verkörpert in besonderen Maße die Symbolgestalt seines Zeichen, Chiron. Wie dieser hat er eine Verletzung oder fühlt sich stets verletzlich und kann unterschiedlich darauf reagieren. Die kraft des Glaubens, große Phantasie und hervorragende Kreativität sind die Stärken dieser Konstellation, aber eines der größten Probleme liegt im sinnvollen Einsatz eben dieser Kräfte.

Als Krankheitsbild ist hier schizotypische Persönlichkeitsstörung zu nennen.

Vertex im Steinbock

Wer unter dieser Position geboren ist, hat seinen wunden Punkt in den Familienbeziehungen, im Verhältnis zum Vater oder inneren Vaterbild, zum Ehemann oder Mann im Allgemeinen oder zu Autorität.

Im krankhaften Bereich findet man Selbstentwertung, Schuldgefühle, innere Unruhe, psychomotorische Verlangsamung, aber auch Anfälle von Aggressivität und Ressentiments.

Vertex im Wassermann

Menschen mit dieser Konstellation tragen in sich die Unschuld, den Witz und vor allem die Neugier der Kinder, auch wenn sie manchmal nur deren weniger sympathische Seite annehmen und ätzend und böse sind, wie nur Kinder es können. Sie sind sehr kreativ, haben originelle Ideen, großartige Einfälle, die nicht nur ihren eigenen Tun Glanz verleihen, sonder auch den Anderen.

In krankhaftern Ausprägungen kann es zu aufdringlichen Verhalten kommen, zu Misstrauen, Verdächtigungen, Angstzuständen, Sadismus, Paranoia, einem Hang zur üblen Nachrede, unbegründeten Verleumdung und Anschuldigungen.

Vertex in den Fischen

Diese Konstellation besitzt starke Impulse und Enthusiasmus. Die Geborenen werden zu Fürsprechern der Unterdrückten und haben einen ausgeprägten Sinn für Gemeinschaft und Gerechtigkeit. Entsprechend der Symbolik des Tierkreiszeichens ist die Bereitschaft zum Opfer und zur Selbstaufopferung aus Liebe, Glauben und Bedürfnis, dem eigenen Leben einen Sinn zu geben zu wollen, nicht selten.

Im krankhaften Bereich sind Wankelmut, Unsicherheit, Verwirrtheit und autoaggressive Verhaltungsweisen zu beobachten.

........und so geht es im Folgebuch weiter.

„Utopika, bist du angekommen?"

.....endlich, „a estacao Lisboa", Hauptbahnhof, Santa Apolonia, Lissabon, las Joachim nach ca. 30 Stunden Bahnfahrt von Düsseldorf über Paris bis Lissabon. „Und wenn es in Deutschland noch kalt und regnerisch ist, dann braucht man Lissabon", so hatte es Manuela im ersten Brief geschrieben.

„So eine Zugfahrt dauert natürlich seine Zeit, aber wenn es um Sehnsucht, Melancholie und Seele geht, wäre ein Linienflug ganz falsch", meinte Manuela. Und sie hatte Recht. Während der langen Bahnfahrt hatte er viel Zeit und konnte so über das Rezept zum Glücklichsein nachdenken. Das Unverdorbene, das Unbekannte war es, was er suchte.

„Die Deutschen haben eine schlechte Meinung von Lissabon. Sie machen dann ein Gesicht, als kämen sie von einer Beerdigung. Lissabon steht nun mal für Melancholie, Sehnsucht und Herzenstiefe", schrieb Manuela weiter und machte Joachim neugierig auf neue Lebensqualitäten. Ihr erster Brief deutete mehrmals darauf hin. „Sollte das hier mein Utopika sein?", dachte Joachim. Es ist 11 Uhr 28 Minute. Und es regnet in Strömen. Der Wind vom Atlantik unterstützt den Regen, als wenn er aus rotierenden Rasensprengern spritzt. Es richt wunderbar frisch nach Atlantik. Dort hinten, auf der anderen Straßenseite fließt der Tejo. Der Fluss ist hier bis zu drei Kilometer breit. Er schimmert bräunlich, sicherlich trägt er Erde von überschwemmten Feldern mit.

„Wir treffen uns am Mittwoch, um 22 Uhr, im Marthinho do Arcada, am Praca do Comercio. Ich freue mich auf ein Wiedersehen", waren die letzten Worte des Telefonates. Joachim wusste, dass Manuela auf Pünktlichkeit großen

Wert legte. Er war deshalb bereits einen Tag vorher angereist. Mit einem Stadtplan gewappnet ging er auf Entdeckungstour.

Nach einer Nachtfahrt und einer Statistik, die wirklich nicht zum Einschlafen ist, heißt es, dass zirka 70 Prozent der Portugiesen erst nach Mitternacht ins Bett gehen - weltweit bleibt keine andere Nation so lange auf. Aber was geschieht am Tage? Und was geschieht in Lissabon, wenn es dunkel ist? Man muss hellwach bleiben!

Hier dürfen alle tief ins Glas schauen. Und staunen. Nein, Joachim ist nicht in einer Bar des verruchten Viertels Bairro Alto gestrandet, sondern er ist ab ins Meer getaucht.

Das Lissabonner Ozeanarium zählt zu den spektakulärsten Aquarien der Welt. In zirka dreißig Becken werden mehr als 8500 Tiere so präsentiert, wie es echten Ozeanen entspricht, so der Stadtplanführer von Lissabon.

Jeder weiß aus seiner Jugendzeit, wie schwer es war, im Gurkenglas einen Goldfisch bei Laune zu halten. Und hier werden in dreißig riesigen und unterschiedlichen High-Tech-Gläsern der Global Ozean, der Atlantik, der Antarktischer Ozean, der Indische Ozean und der Pazifik dargestellt. Sie befinden sich in einer Wasserburg aus Beton, Glas und Stahl, die in einem ehemaligen Hafenbecken zu schwimmen scheint und über eine lange Brücke zu erreichen ist.

Man spürt den Stolz der Portugiesen beim Anblick dieser Wasserburg. Dröhnender Lärm von Autos und Großstadtleben begleiten den Gang über die lange Brücke. Empfangen wird man vom Geschrei von Möwen, beleitet von sanftem Wellenrauschen. Unglaublich! Hinter der großen Tür liegt das Meer. Nein, es steht! In einer gewaltigen Glassäule ragt es tintenblau, aber klar in die Höhe. Tiefe ist scheinbar nicht zu erkennen. Dicke, dünne, große, kleine, rote, grüne, gelbe Fische ziehen vorbei. Allein und in Schwärmen lassen sie sich gemächlich treiben.

Das Meer ist hier keine Landschaft, sondern ein Naturerlebnis für die Ewigkeit. Hier wird gezeigt, dass alle Meere der Welt zusammenhören. Das Herzstück bildet der Global Ozean, das größte Becken der Anlage, an das in Kleeplattform der Pazifik, der Atlantik, der Indische Ozean und die Antarktis angrenzen. Joachim ist überwältig, als er auf der oberen Besucheretage, der Strandebene, des vierstöckigen Gebäudes angelangt ist.

Vom Ozeanarium bis zur Praca do Comercio ist es nicht sehr weit. Der Platz ist so etwas wie ein Eingangsportal, so sieht es Joachim. Auf der einen Seite der Rio Tejo, die anderen Seiten werden von prunkvollen Gebäudefassaden geschmückt. Unter den Arkadengängen sitzen die Leute und trinken Kaffee oder Tee und essen dazu leckere, süße Gebäckstücke.

Und schon ist es passiert. Joachim lässt Vergangenheit und Gegenwart für eine Weile ruhen. Er sitzt und trinkt, während seine Seele über den Platz fliegt hinüber zum Atlantik, der friedlich daliegt. Eingerahmt in ein mildes Winterlicht. Oder bereits in einem Frühlingslicht? Und er träumt weiter von Manuela. Aber auch von Paula. Und auch über Jahre, die verfliegen, und die Frage, warum alle immer zuwenig Zeit haben, obwohl sie ständig in Eile sind.

Paula und ihre Partnerschaftshoroskope hatten bisher nicht Recht. Auch wenn sie meinte, er sei auf dem besten Wege. Doch die Kontakte, die sie als Astrologin auf Basis von Partnerschaftshoroskope erstellte, endeten immer im Chaos. Nur der Profit hatte gesiegt. Er hatte zwar Grenzen der Lust kennen gelernt. Aber alles Grenzen, die mitten durch ihn gingen.

148

„Du bist ein Grenzfall", meinte Paula. „Letztlich bist du ein zerrissener Mensch."

Mit all diesen Gedanken segelt er über den Atlantik. Sämtliche Angebote aus den Lusterfüllungsscheinwelten hat er erlebt und überlebt. Da tauchten sie immer wieder auf. Die kühle rassige Claudia und die sportliche Roberta. Manchmal werden sie im Nachhinein in der Erinnerung „geil". Für die Konsequenzen jeder Entscheidung fühlt er sich selbst verantwortlich.

Sehnsucht nach der richtigen Frau, nach echter Zweisamkeit, nach Liebe, Lust und Glück, nach Verschmelzung - all das hat er gesucht, aber nicht durch Partnerschaftshoroskope gefunden. Diese verfluchte Paula. Er beginnt zu hassen. Und in dieser in ihn eingestürzten Welt versucht er jetzt Ankerpunkte zu setzen, sucht er jetzt die Erfüllung der Liebe.

„Aber wie soll das gelingen?", philosophiert Joachim. Er, der chronisch Enttäuschte, sucht immer noch sein Utopika. Gedanken an Manuela, verschlungen zu werden. Warten auf Belohnung. Er hatte Manuela zum ersten Mal auf dem Düsseldorfer Weihnachtsmarkt getroffen. Sie stand in ihrem Weihnachtsverkaufsstand, umrahmt von Kräuterblumen, Duftstäbchen, Räucherkerzen und anderen Weihnachtskram. Manuelas, oder ob sein Augenpaar erste Signale sendete, weiß Joachim auch nicht mehr so genau. Es funkte und knisterte. Spontan und fremd gesteuert hat er sie angesprochen, ihr sein letztes Fischbrötchen angeboten. Im Marcel`s Cafe-Restaurant, an der Düsseldorfer Rheinpromenade, lernten sie sich näher kennen. Ohne Paulas Partnerschaftshoroskop. Joachim machte ihr den Hof und ihr Entzücken war grenzenlos. „Kennst du Portugal?", fragte sie. „Nein!"

„Ich melde mich sofort, wenn ich in Lissabon gelandet bin", waren ihre letzten Worte beim Abschiedskuss, als er

149

frühmorgens das Hotel verließ. Danach hatten sie viele Telefonate, E-Mails und Briefe mit leidenschaftliche Bekundungen über ihr zukünftiges Leben ausgetauscht.

Und nun sitzt er hier im Cafe und überlegt, ob und wie er mit der Differenz zwischen dem, was er ist und was er will, und dem Bild von Manuela zurecht kommen kann. Er war ja immer nur dabei, die anderen glücklich zu machen. Er ist aber nach wie vor davon überzeugt, dass das absolute Glück ihn erst dann erreicht, wenn ein Analytiker-Gott seine Lust- und Befreiungsprobleme aufzeigen würde. Aber wer soll sie dann therapieren?

Diese aufgewühlten Gedanken erinnerten ihn an seinen Traum von der alte Dame, Manu, die gesagt hatte: „Es ist sehr wichtig, wenn du weißt, dass dein weiteres Leben schön und hässlich, gut und schlecht, angenehm und hart, je nachdem, welchen Standpunkt du einnehmen wirst, verlaufen kann." Bei diesen Worten hatte sie Joachim angestrahlt. Und er spürte wieder eine tiefe Zuneigung zu ihr, dass er plötzlich mit Tränen zu kämpfen hatte.

Abel, der kleine freundlicher Kellner, so hatte er sich vorgestellt, unterbrach Joachims Melancholie mit einem Stück Biskuitteilchen, mit viel süßer Sahne. Dabei lächelte er, als schäme er sich dafür, in Joachims Gedankenwelt eingedrungen zu sein. „Die Kaffeehäuser vermitteln einfach eine andere Zeit", dachte Joachim. Und er verbrachte mehr und mehr Zeit damit über Zeit nachzudenken. Und spürt sie immer wieder, wenn er durch die Straßen schlendert und an Cafes vorbei kommt. Besonders in der Baixa, der Unterstadt, wenn er in vielen Konditoreien sieht, wie die Lissabonner sich langsam und genüsslich süßes Gebäck in den Mund schieben. Das macht Joachim Appetit. Also wieder rein ins nächste Cafe. Zwischen den alten Wandspiegeln und der verräucherten Holzvertäfelung, der langen Theke mit Gästen, die in leisen Gesprächen vertieft sind, hat sich Frieden geflüchtet. Es läuft keine Musik. Da ist nur das Brummen von großen Ventilatoren, die über ein Riemenlaufwerk angetrieben werden, zu hören. Der monotone Klang beruhigt Joachim.

Er denkt wieder an Manuela. Ihren ersten Brief mit „Ola, o meu amigo, mein neuer Freund, Joachim! Oder? ..... ich möchte noch so viel Schönes erleben", schrieb sie weiter.

Weibliche Schreibweisen, so erinnerte sich Joachim an sein erstes Semester Psychologie, sind geprägt vom erotischen Feingefühl und haben oft soziologische Ansätze. Und so schrieb Manuela. Irgendeins der Worte und Sätze begleiteten ihn täglich. Mehrmals las er den ersten Brief und blieb immer wieder an der Zeile hängen: „..... die Zeit rennt mir einfach davon. Je älter ich werde, umso schneller geht ein Jahr vorbei. Es ist zum Verrücktwerden. Kennst Du auch solche Gefühle?"

„Ja, selbstverständlich, nur Zeit und Zukunft sehe ich etwas anders. Denke daran, Zukunft ist immer Gegenwart! Du wirst zwar immer älter, aber woher willst du wissen, wie alt du wirst? Und deshalb ist jetzt hier und heute Gegenwart. Heute ist Zukunft!" Er schlenderte ziellos durch die Baixa, der Unterstadt, ein Labyrinth aus engen Gassen, die tagsüber möglichst viel Schatten spenden sollen. Alles scheint nach innen gedreht zu sein. Armut und Reichtum verbergen sich hinter unscheinbaren Türen. Sind sie geöffnet sieht Joachim prunkvolle Innenhöfe, aber auch Gemüseläden und kleine Handwerksbetriebe. Plätze mit würdevollen Gebäuden, geschmückt mit den traditionellen blauen und weißen Kachelbildern aus dem 17. und 18. Jahrhundert. Sie sind mit alle

Zeit der Welt ausgestattet. Alles scheint prächtig im Verborgenen zu leben.

Mit dem Fahrstuhl Santa Justa entschwebt er aus der Unterstadt, in den Chiado, der Oberstadt. Nirgends ist der Blick auf die Altstadt schöner als hier oben. Joachim hält inne, um noch nie Empfundenes aufzunehmen. Sehnsucht, innere Bewegtheit ohne Bezug. Eine emotionale Beziehung baut sich in ihm auf.

„Warum sitze ich hier?", dachte er, ohne einen klaren Sinnwert zu erkennen. „Utopika, bin ich angekommen? Und warum soll Lissabon die Stadt meiner Sehnsucht sein? Was ist so bezaubernd an dieser Stadt, einer abgeblühten Schönheit?" Aber immer noch hinreißend!

Portugal, das wusste er, war lange Zeit das Dornröschen Europas. Ein Land, umnebelt vom Gefühl einer abgrundtiefen, unerfüllbaren Sehnsucht nach dem Grenzenlosen. Ein Land, an dem die Zeit vorüberging, friedlich, leise, selbstversunken in süßer Nostalgie. Ein Land, das lange gefesselt war unter einer Diktatur. Doch Europa hat 1986 die schlafende Prinzessin wach geküsst. Und so ist es nun aus mit dem Mythos Vergangenheit, der aus Hochmut, Wehmut, Weichheit, Weltschmerz, Melancholie und Resignation bestand. Ein Land hat sein Schicksal in die Hand genommen um die Zukunft zu erobern. Da sitzt er nun mit sich und dem lieben Gott allein und spürt den großen Sog des Meeres, der ihn hierher lockte. Hoch über ihn spannt sich die große Brücke, über die kaum hörbar der Abendverkehr rollt. Die Sonne versinkt im Westen als glühender Ball im Atlantik. Und im Osten leuchten die ersten Sterne auf. Es ist ein etwas kitschiges Bild, aber er kann nichts gegen das seltsame Gefühl tun, das sich in ihm ausbreitet, wie eine Art Sehnsucht nach Manuela. Irgendetwas überwältigte ihn, als er sein Hotel aufsuchte. Das Gefühl, angekommen zu sein.

Wie Gezeiten der Meere, so überfluten jeden Abend die Nachtschwärmer die Straßen des Viertels, Bairro Alto. Verschiedene Welten entwickeln sich, die wenig von einander wissen und sich nur kurz berühren, wenn der Tag in die Nacht und die Nacht in den Tag übergeht.

Joachim schlendert durch das Viertel. Und erinnert sich an seine ersten Streifzüge durch die Düsseldorfer Altstadt. Schon als Junge hatte er vom Treiben in der Altstadt und vom Hurenhochhaus, am Bahndamm, reden hören. Es hieß, dort würden die Frauen herumstehen und sich hinter Schaufenstern wie Auslegeware präsentieren, die man auch noch mieten könne. Als er alt genug war, fuhr er mit Herzklopfen und anderen Jungs aus seiner Fußballmannschaft hin, um todesmutig in einer Kneipe im verruchten Bahndammviertel ein Bier zu bestellen. Mehr passierte nicht. Und jedes Mal, wenn er hier an Bars vorbeikommt, muss er daran denken. Und muss jedes Mal innerlich lachen. Es ist kurz nach Mitternacht. In den engen Gassen öffnen Szene-Restaurants, Clubs und Diskotheken ihre unscheinbaren Türen. Prächtiges, Verborgenes liegt hier innen. Nichts bietet sich offen an. Alles ist auf links gedreht. Neben Clubs und Bars haben nun auch eigenwillige Geschäfte geöffnet. Eine Boutique mit integriertem Cafe, Friseurladen und Tattoo-Shop, in dem sich Touristen zu später Stunde schwarze Tinte unter die Haut spritzen lassen. Wenige Meter weiter haben sich Anhänger der Schwulenszene etabliert. Und im nahen Rotlichtviertel sind nur noch wenige Huren geblieben. Das Bumbum aus den Bars hat sie an den Rand des Viertels getrieben. Aber wie halten die alten Bewohner das Nachtleben aus?

Abel, der kleine Kellner, hatte erzählt: „Die meisten Bewohner sind hier bereits über sechzig Jahre alt. Sie hätten sich daran gewöhnt. Andere meinten, das Viertel werde erst mit zunehmendem Alter und nachlassendem Gehör lebenswert und erträglich."

Joachim öffnet eine unscheinbare Tür, hinter der sich ein Club verbirgt, in dem sich um diese Zeit die Nachtschwärmer treffen. Drei Tanzflächen füllen den Raum. Lange Holztheken mit blankpolierten Messingstangen, eine für die Hände, die andere für die Füße, Spiegelwände und Deckenventilatoren drücken dem Club ihren unverwechselbaren Stempel auf. Schwarze Sofas, kleine Marmortische und lederbespannte Stühle sind zwischen den Tanzflächen drapiert. Doch es scheinen keine Romantiker anwesend zu sein, die den Kampf gegen Gleichgültigkeit aufnehmen, sondern Jugendliche die in bedruckten T-Shirts Cola trinken. Und über Zukunft reden.

Dass das Viertel nachtaktiv ist, hat es bekannt gemacht. Doch zugleich es das Viertel der alten Leute, weil..... Um das zu erklären, holt Abel, der kleine Kellner weit aus: „Lissabon sei eine der wenigen Städte, wo das Mietdiktat, Mietgesetze für alte Leute auf den Stand von 1948 geblieben sind und noch immer verboten ist, Menschen über 65 Jahren zu kündigen. Das kommt uns alten Leuten sehr entgegen. Ich bin bereits über 70 Jahre und genieße es hier zu leben", schmunzelt er.

Bevor die Nacht langsam in den Tag übergeht steigt Sehnsucht in Joachim auf. Er denkt an Manuela, als er im Lokal dem Fado lauscht, der wichtigsten Musikform in Portugal. Texte und Musik werden melancholisch vorgetragen und erzählen von Sehnsucht, Schicksal, Liebe und Trennungsschmerz.

„Nenn es Glück oder Unglück. Ich habe dich nicht erwartet. Und du kamst noch einmal vorbei. Nie habe ich mein Herz so schlagen fühlen wie in dem Augenblick, als ich deine Hand spürte. Deine Worte haben die Vergangenheit zum Leben erweckt. Und wenn ich wahnsinnig war, dieser Wahnsinn, dieser Wahnsinn war Frieden. " Text/Musik: Toze Brito
Und weiter singt Anna:
„Eines Tages folgte er mir in meine Straße, begrüßte mich und floh. Und am nächsten Tag war er wieder da. Vom Fenster meiner Mansarde aus warf ich ihm ein glutrotes Sardinennetz zu, das gleich viel roter wurde. Danach sah ich ihn nie wieder, noch seines Blickes Flamme. Die Zeit verging. Ich fand heraus, wo er wohnte. " Text/Musik: Linhares Barbosa

Der Applaus wollte nicht enden, als Anna, die junge Fado-Sängerin, die mit ihrer Melancholie und Glut den Zuhörern direkt ins Herz griff, die Bühne verließ.

Die Botschaft lautet: ***Aufbruch*** – aber das haben Sie auch schon vorher gewusst! Oder? Und genau, dass ist das Motto im Folgebuch: ***„Utopika, bist du angekommen?"***

Und ob alles sich zum Guten wendet, wird im Buch ***„Utopika, wo bist Du?*** beantwortet.